いま死刑制度を考える

井田良
太田達也
[編]

慶應義塾大学出版会

はしがき

　いまほど死刑制度をめぐる冷静な学問的議論が必要とされているときはないであろう。日本の死刑制度は、国際的な人権擁護組織や、とりわけヨーロッパ諸国から強い批判を受けているものの、国民の多くはこれを維持すべしと考えており、とりわけ2000年代に入って死刑判決は顕著に増加した。しかし、死刑適用基準の緩和に対しては反省の動きもあり、死刑の執行数は相変わらず少なく（年間の確定判決数よりかなり少ない）、その反面において執行前の死刑確定者が増加している。日本という国を一人の人にたとえるなら、その人は、両方向からの主張に身を裂かれるような思いでおり、決然とした態度をとることができず、どちらの方向に足を踏み出すことにも躊躇しつつ、現状を維持するほかなすすべはないという気持ちでただ立ちすくんでいるのである。

　死刑もまた法制度の1つであり、それには「有益性」と「害」とがある。社会にとってプラスをもたらすと考えられると同時に、ネガティブな側面ももっている。そこで、有益性と害、これら相互の冷静な比較衡量が要請される。しかし、死刑制度のもつ「有益性」と「害」をめぐる建設的・生産的な議論は、現実にはほとんど行われることがないといってよい。議論の相手から相互に何かを学び合い、議論の終わった後には議論を始める前よりもお互いが賢くなっているときにはじめて、これを建設的・生産的な議論と呼ぶことができよう。それぞれの陣営が、自分の立場を最初から固定した上で、ただ自分の思うところを論敵にぶつけ合うだけというのでは、議論の意味はない。死刑存廃論をめぐっては、ややもするとそういう状況があり、建設的な議論を期待できないということから、最初から議論に参加しない・態度表明を差し控えるという人も多いのではなかろうか。

きわめて重要な問題でありながらきちんとした議論が行われない——そのような閉塞状況は何としても打開されなければならない。本書が意図するところは、広範囲の方々に、日本の死刑制度の今後のあり方をめぐる議論に関心をもっていただき、死刑存置論に与する人も、また死刑廃止論を支持する人も、さらに自分の立場をまだ決めかねている人も、それぞれに自分の認識を深めることのできる知見を提供することにある。本書に収録された論稿の執筆者は、いずれも法理論または法実務に携わる法律学の専門家であり、死刑制度をめぐる議論に学術的基盤を与えることを問題意識としている。死刑存廃論においては、日本の刑事司法の中に組み込まれた1つの法制度の存廃が問われている。法律専門家、とりわけ犯罪や刑罰の制度を研究の対象とする刑事法研究者は、一般の市民にはない、死刑制度に関する専門的知見や学術的認識をもっており、たとえば、死刑という刑罰をおよそ刑罰全般に通じる基礎理論に基づいて検討したり、凶悪犯罪の動向や、制度運用の統計的実態を踏まえて現在の死刑制度の姿を描き出すことができる。本書に含まれる各論稿は、刑事法の理論と実務の第一線で活躍する専門家が、そのような知見と認識を、専門外の方々にも理解可能な形で説明し、それぞれの立場から、死刑制度の存廃とその今後のあり方をめぐり所見を述べるものである。

　本書において文字媒体の形で公表される論稿のほとんどは、2012（平成24）年10月18日に慶應義塾大学大学院法務研究科（法科大学院）の主催で行われたシンポジウム「死刑制度と被害者支援について考える」（於・慶應義塾三田キャンパス北館ホール）における報告を再現するものである（そのため、いくつかの論稿には、報告の口調が残っているが、あえてそれを訂正していない）。この公開シンポジウムは、ドイツ連邦共和国大使館および駐日欧州連合代表部の協力・後援を得て行われ、そのおかげで、ドイツからも2人の報告者（フランツ・シュトレング教授とペトラ・ホーン氏）を招待し、また、日本語・英語間の同時通訳を付けて行うことが可能となった（当日は、片山直也・大学院法務研究

科委員長に続いて、折しも来日中であったドイツ連邦司法省刑事局長のトーマス・ディットマン氏が冒頭スピーチを行った）。諸般の事情により、このシンポジウムにおけるすべての報告原稿をここに収録することはできなかったが、他方、刑事制裁論の若き旗手である小池信太郎准教授には、ドイツの制度に関する二つの論文を補完する趣旨で、ドイツの無期刑に関する詳細な論稿を本書のために書き下ろしていただいた（第6章）。これにより、死刑なきドイツにおける「極刑」であるところの無期刑の実像が示され、重大犯罪に対処するための日独の制度の相互比較が可能となるとともに、死刑の代替刑として期待される無期刑の執行のあり方が明らかとされることとなった。なお、本書の冒頭では、「序章」として、シンポジウムのオーガナイザーであった井田が、各論稿につき解題を付すとともに、現在の死刑制度をめぐる主要な論点と、なお未解決の課題について若干の指摘を行った。

　こうして、各方面から好意的な評価をいただいたシンポジウムの内容を書物の形で世に問うことができるのは、われわれ編者にとり大きな喜びとするところである。シンポジウムにおける各論者の主張がより広く参照され、死刑制度の今後のあり方をめぐる議論への関心が高まり、基本的な立場の相違にかかわらず相互の認識が深められることとなれば、幸いこれにすぐるものはない。末筆ではあるが、本書の出版を快くお引き受け下さった慶應義塾大学出版会、そして（例によって）周到・完璧な形でバックアップして下さった同編集部の岡田智武氏には、全執筆者を代表して心から感謝申し上げたい。

2013（平成25）年12月

井田　　良
太田　達也

目 次

はしがき　i

序　章　**いま死刑制度とそのあり方を考える**（井田　良）　1
　　Ⅰ　はじめに　3
　　Ⅱ　本書に収録された各論稿について　3
　　Ⅲ　死刑制度をめぐる主要な論点　9
　　Ⅳ　日本人の死生観・刑罰観と死刑　22
　　Ⅴ　結　語　26

第２章　**死刑存廃論における一つの視点**（高橋　則夫）　31
　　――応報的正義（Retributive Justice）から
　　修復的正義（Restorative Justice）へ
　　Ⅰ　これまでの死刑存廃論　33
　　Ⅱ　被害者（遺族）と死刑制度　33
　　Ⅲ　被害者（遺族）と刑事司法　35
　　Ⅳ　応報から修復・回復へ　36
　　Ⅴ　被害者関係的刑事司法から修復的司法へ　37
　　Ⅵ　これからの課題　39

第３章　**日本の死刑制度について考える**（椎橋　隆幸）　41
　　Ⅰ　はじめに　43
　　Ⅱ　国際的動向　45
　　Ⅲ　死刑の法的正当化根拠　49

Ⅳ　罪刑の均衡について　52
　　　Ⅴ　誤判の問題　55
　　　Ⅵ　死刑と世論　56
　　　Ⅶ　おわりに　56

第4章　**わが国の死刑適用基準について**（原田 國男）　61
　　　Ⅰ　はじめに　63
　　　Ⅱ　わが国の一般的な量刑判断基準　63
　　　Ⅲ　わが国の死刑適用基準──永山事件基準　64
　　　Ⅳ　永山事件基準における量刑事情　65
　　　Ⅴ　永山事件基準の実質化　76
　　　Ⅵ　私の経験　81
　　　Ⅶ　裁判員裁判における死刑判決　82

第5章　**死刑制度**（フランツ・シュトレング／翻訳：小名木明宏）　87
　　　──ドイツの視点からの考察
　　　Ⅰ　歴　史　89
　　　Ⅱ　死刑に対する市民の見方　92
　　　Ⅲ　刑罰目的の検討と死刑　94
　　　Ⅳ　最後に──死刑に反対する主要な論拠　99

第6章　**ドイツの無期刑と「責任重大性条項」**（小池信太郎）　105
　　　──立法・判例の動向を中心に
　　　Ⅰ　はじめに　107
　　　Ⅱ　死刑廃止後の状況と無期刑への仮釈放制度の導入　109
　　　Ⅲ　無期刑仮釈放制度の概要　112
　　　Ⅳ　責任重大性条項　116
　　　Ⅴ　結びに代えて──日本への示唆と展望　125

第7章 ドイツにおける被害者支援活動（ペトラ・ホーン／翻訳：堀田晶子） 139

- I 現実その1　141
- II 現実その2　141
- III 事例1　145
- IV 個人的な体験　146
- V 事例2　147
- VI 総　括　148

第8章 被害者支援と死刑（太田 達也） 149

- I 公費による経済的支援　151
- II 刑事手続における損害回復　152
- III 被害者への情報提供　153
- IV 刑事手続への参加　155
- V 被害感情と死刑　160
- VI 現行法制度としての死刑の再検討　162
- VII 死刑の執行方法――薬物注射導入の提案　163
- VIII 死刑の執行時期と対象者選定基準　172
- IX 裁判員と死刑　178

索　引　189
執筆者・翻訳者紹介　193
初出一覧　196

序　章

いま死刑制度と
そのあり方を考える

井田　良

Ⅰ　はじめに

　本書が全体としてもつねらいと趣旨は、すでに「はしがき」において記した通りである。この序章では、本書に収録された各論稿について簡単な解題を付すとともに、浮き彫りとなった主要な争点を整理して示すことにより、死刑と被害者をめぐる今日の法的問題を明確化することを試みたい（本章ⅡおよびⅢ）。

　ただ、一つだけ、重要なポイントでありながらも、本書所収の論文の中ではほとんど触れられていないことがある。現行の死刑制度は日本国民の大多数により支持されているといえようが、そのことは、死刑が人の生や死、そして罪と罰に関する、日本人の基本的な考え方（すなわち、日本人の「死生観」と「刑罰観」）により裏付けられた刑罰であることを示しているように思われるのである。この点については、学術文献においてそもそも詳細に論及されることが少ないので、各執筆者の所論を補う趣旨で（未熟なものであることを十分に承知しつつ）若干の検討を行うこととしたい。そこでは、死刑という法制度とそのあり方を考えるときに、日本人の死生観や刑罰観がいかなる意味をもつ（べき）かについても私見を述べることにする（本章Ⅳ）。

Ⅱ　本書に収録された各論稿について

　第 2 章・高橋則夫「死刑存廃論における一つの視点─応報的正義から修復的正義へ」は、被害者遺族の感情に焦点を当てて、懲罰的でない刑事司法システム構築の可能性を探る。高橋教授は、著名な刑法理論家であり、2 巻からなる浩瀚な刑法の教科書の著者であ

るが[1]、同時に、刑事政策の分野でも多くの業績を上げ、とりわけ「修復的司法」の研究の第一人者であり、現在、日本被害者学会の理事長でもある[2]。著者の主張は一つの死刑廃止論ではあるが、ただ単に死刑を廃止すべきだとするものではない。その意味では、所説は単純な死刑廃止論に対する批判にもなっているといえよう。死刑を廃止するためには、被害者支援を充実させ、コミュニティが被害者遺族を支えて、被害者感情が死刑存置に向かわないようにすることが必要であるとし、「大きな発想の転換」と、また「刑事司法制度の再構築」が要請されるとする。最後のところで、これが「死刑廃止に至り得る唯一の道」と断言されていることを読み落とすべきではなかろう。

　第3章・椎橋隆幸「日本の死刑制度について考える」は、刑事訴訟法研究の第一人者であり、日本被害者学会の前理事長でもあった著者[3]が、刑事司法制度の「質」は、部分的にではなく、全体として評価すべきであるとする基本的立場から出発して、死刑存置論の論拠をきわめて明快に要約した重要な論稿である。そこにおいては、従来の死刑存廃論をめぐる論点が簡にして要を得た形で示され、著者の死刑存置論の主張が高度の説得力をもって展開されている。とりわけ注目に値するのは、椎橋教授が、刑罰理論のもっとも基本的な原則である「罪刑の均衡」の原則からは、犯罪の重さに見合った刑（応報刑ないし責任刑）を科すことが基本とされるのに、どんなに凶悪な犯罪を犯しても、すなわち犯人が何人、いや何十人殺害しても刑は無期懲役止まりであり、死刑にしてはならないとする死刑廃止論の主張はこれと調和せず、「刑事法の理論としては破綻している」としている点である。たしかに、日本において死刑制度を支持するもっとも強い根拠となっているのは、応報刑思想であり、その重要な内容となっている罪刑均衡の原則であろう。この原則と死

刑との関係については、刑罰理論の見地からの立ち入った検討が要請されているというべきである。

死刑制度に賛否いずれの立場をとるにせよ、日本の現在の死刑制度の運用を正確に知らないままで議論を進めるわけにはいかない。このような観点から重要な意味をもつのは、**第4章・原田國男「わが国の死刑適用基準について」**である。著者は、刑事裁判官として30年以上のキャリアをもつが、量刑の分野における実務と学説の架橋を果たした、量刑研究の第一人者であり、有名な著書[4]のほかにも、数多くの論文を発表している。原田教授の論稿は、その実務経験を踏まえ、いわゆる「永山事件基準」（巷間には、単に「永山基準」と呼ばれることが多い）を中心として、現実の日本の裁判における死刑適用の基準を詳細に論じており、未解決の論点については著者の立場からの重要な提案が示されている。とりわけ、死刑選択の際の犯情（すなわち、犯罪事実そのものに関わる事情）の考慮と、一般情状（すなわち、被害者遺族の処罰感情や犯人の改善更生可能性等）の考慮の関係をめぐり、原田教授が詳細な検討を加えている部分が重要である。実際の量刑にあたり遺族の被害感情をどのように考慮するかをめぐる所論も、実務を経験した著者ならではの、滋味深いものといえよう。この論文からわれわれが読み取るべき一つの重要なポイントは、死刑の存廃をめぐる議論においては、単に存廃のみが問題となるばかりでなく、かりにこの制度を当面は維持すべきであるという結論を出したときでも、それでは・この・制度・を・これから・どう・運用・して・いく・の・かという問いに答える必要があるということであろう。死刑判決を下すことをもっと抑制すべきなのか、いや逆に、遺族の処罰感情を考慮すれば、もっと死刑の言渡しを行うべきことになるのかという問いである。

いまのような国際化の時代においては、日本の法制度も、諸外国

と無縁であることはできない。それは世界的な関心の対象となっており、われわれも諸外国の考え方やその経験に学ぶことを要請されている。**第5章・フランツ・シュトレング「死刑制度—ドイツの視点からの考察」**(小名木明宏訳)は、ドイツにおける死刑廃止(西ドイツについては 1949 年)とそれに至る経緯を紹介し、その後における世論の動向について実証的なデータを用いつつ説明し、また、刑罰理論の見地から死刑が用いられるべき刑ではないことを論じている。著者のシュトレング教授は、刑罰論・刑事制裁論のドイツにおける第一人者であり、『刑事制裁』と題する有名な分厚いテキストブックも書いている[5]。まさに本テーマに関してもっとも信頼のできるドイツの専門家である。第二次世界大戦直後に憲法により死刑を廃止した(西)ドイツは、ヨーロッパにおける死刑廃止の先陣を切ったものであり、この 60 年あまりの間に死刑なき刑罰制度を完全に定着させたといえよう。近年、ドイツでも、日本におけるのと同じく、重罰化・厳罰化の傾向が認められるにもかかわらず、死刑を再導入すべきだとする声は生じておらず、世論調査でも死刑賛成論は減少傾向にあるところも関心をひくであろう。また、ここには、第3章・椎橋論文とは対照をなす形で、刑罰理論の観点から、死刑制度に反対する論拠が簡潔・周到にまとめられている。

　死刑のないドイツにおいてもっとも重い刑は「無期刑」ということになる。ドイツの刑罰制度の中で、凶悪な犯罪に対する刑事制裁としての無期刑とはどのような刑罰なのか、それはどのように運用されているのか。この問いは、死刑制度の存廃を論じるわれわれにとり、きわめて重要である。なぜなら、死刑の存廃に関し最終的にいずれの立場に至るにせよ、死刑がないときの刑罰制度のあり方について具体的なイメージと展望をもたずして、その存廃を論じることもまたできないであろうからである。**第6章・小池信太郎「ド**

イツの無期刑と『責任重大性条項』─立法・判例の動向を中心に」は、これまで量刑論・刑事制裁論の領域で数多くの論文を発表している著者が、(西)ドイツにおける死刑廃止後に、無期刑(終身刑)について仮釈放(残刑の執行猶予)の制度が導入されるに至った経緯、そして1982年の施行後、現在に至るまでの実務における仮釈放制度の運用について詳細に論じた論稿である。特に、小池准教授は、「責任の特別な重大性」、したがって当該犯罪の特別な重さを理由として仮釈放を消極的に制限する要件があることに注目する(ドイツ刑法57条a第1項2号)。この要件により、ドイツの無期刑は「より重い無期刑」と「相対的に軽い無期刑」とに分かれることになるが、著者は、この要件をめぐる議論と実務におけるその扱いの詳細を論じ、このようなドイツの法制が、日本の無期刑の運用論・立法論にいかなる示唆を与えるか、さらに死刑の代替刑をめぐる議論にいかなる課題を提示しているかにも論及している。

　第7章・ペトラ・ホーン「ドイツにおける被害者支援活動」(堀田晶子訳)は、ドイツの被害者支援組織である「失った子と兄弟姉妹の死を悼む会 Bundesverband Verwaiste Eltern und trauernde Geschwister in Deutschland (VEID)」の会長である著者が、死刑のないドイツにおける被害者支援活動の実際について紹介した貴重な講演を再現したものである。ホーン氏は、2006年から同会の会長であるが、彼女自身も唯一の子を亡くしてから会員になったという[6]。著者によれば、ドイツでは、警察が、事件直後に、被害者遺族に事件について知らせるとともに、被害者支援組織[7]の連絡先を教える。そして、被害者支援組織は、事件についての情報提供、弁護士の紹介等の法的援助、心理カウンセラー等の紹介、マスコミからの保護等を行うのである。著者はまた、被害者遺族の処罰感情の時間経過による変化についても、実務経験に基づき、示唆に富む所見を述べ

ている。

　最終章である**第 8 章・太田達也「被害者支援と死刑」**は、日本における被害者支援のための公的制度の現状を包括的な形で概観する。著者の太田教授は、刑事政策学と被害者学の分野における、実務に根ざし、比較法的知見に裏付けられた諸研究で知られており、特に現在の被害者支援法制とその課題に精通する第一人者である。この論文は、被害者支援制度がこの 10 年ほどの間に充実してきていること、ただ、それぞれに重要な課題もあることを、限られた紙幅の中で的確に要約している。他方、著者は、死刑制度に関し、被害者感情を根拠にそれを正当化することに対して懐疑的な立場をとる。被害者支援は、被害者の個人の尊厳や基本的人権に基づき国が行うべき当然の責務・施策であるとし、それを死刑の存廃の問題と結びつけることに強く反対する。同じ死刑廃止論であっても、高橋論文とはその限りで基本的に異なった立場に立脚するものといえよう。さらに、太田教授は、論文の後半で、死刑の存廃という立法論レベルの問題のみならず、現行法制度としての死刑制度のあり方とその運用がこれでよいのかどうかについても検討すべきだとし、死刑の執行方法、執行時期、裁判員の負担の軽減の問題等にも詳細に論及している。このような著者の問題意識はまさに正当というべきであろう。先にも触れたように、死刑制度の存置か廃止かというところで議論を終えてしまうのではなく、現行制度をどのように運用していくかの問題にもわれわれは関心をもつべきであり、またその改善に向けて衆知を結集すべきなのである。

　以下では、これら 7 編の論稿により浮き彫りとなり、今後、より立ち入った検討が必要と考えられる問題点を（あくまでも私の問題意識に基づいて）まとめることにより、一つの論点整理を試みることとしたい。

Ⅲ 死刑制度をめぐる主要な論点

1 「罪刑の均衡」の意義

　日本において死刑制度を支持するもっとも強い根拠は、第 3 章・椎橋論文が述べるように[8]、いわゆる応報刑思想であり、そして、その重要な内容となっており、また一般的な承認も受けている罪刑均衡の原則[9]であろう。応報刑論は、刑もまた一つの害悪（すなわち、苦痛としての利益侵害を本質的内容とする不利益制裁）であることを前提としつつ、それが犯罪という害悪との間で均衡の関係に立つべきものとする。天びんの片方の皿に犯罪を載せ、もう片方の皿に刑を載せて、釣り合いをとるというイメージである。しかし、ここで問題となるのは、犯罪のもたらす本質的な害悪（刑という害悪に対応すべき犯罪の害悪）とは何かである。

　法律家も含めて多くの人は、次のように答えるであろう。それは、犯罪によりもたらされた有形的・可視的な被害のことである、と。たとえば、殺人罪の場合であれば、被害者 A さんの死という実害がこれにあたる。このように考えるとき、量刑判断にあたっては、被害者の死に対応する刑が出発点となる。意図的な生命侵害に対応する刑としては極刑としての死刑も視野に入るが、ただ、責任（非難可能性）の程度に応じて減軽されることとなる。処罰の根拠としては死刑まで求められることを前提とし、被告人の側に同情すべき事情があることを理由として何とかそれを差し引き、死刑をまぬがれさせるという判断方法がとられることになる（それは、いわば「引き算的量刑」である）。

　このように、生じた被害に対応する刑が出発点となり、犯人の意思決定への非難の程度で刑が軽減されるにすぎないとする考え方を

とるなら、多数の人を意図的に殺害したようなケース（その極限的な例が、アドルフ・ヒトラーの所為であろう）について死刑以外の刑がその犯罪に対応する刑であると考えることは困難となる。また、このように理解された応報刑論の量刑判断は、過去に生じた侵害結果（たとえば、被害者の死という個別的な法益侵害結果）との対応関係を基本とするものであり、もっぱら過去に目を向けた判断となろう。すぐ次に述べるように、日本における殺人罪（強盗殺人罪を含む）の認知件数（および犯罪発生率）はこの60年の間、一貫して減少しているのであるが、そのような現実の犯罪動向などは基本的に無関係ということになる。そこでは、被害者個人の生命のかけがえなさに思いを致して人権感覚を働かせれば働かせるほど、刑は重くなりうるし、死刑賦課の可能性を考慮するときの心理的抵抗もそれだけ弱まるものと思われる。

　しかしながら、このような応報刑の理解が唯一のものではないことに注意しなければならない。すなわち、犯罪のもたらす害とは、法秩序、すなわちその種の法益を保護する法規範（たとえば、殺人を禁止する法規範）の効力に加えられた害のことをいうとする見解がある。その代表的な論者であるヘーゲルは、当時の刑法学説が犯罪の害悪を表面的にしか理解していないと批判し、真の害悪とは「法そのものの侵害」の中にあるとした。刑法は、刑により犯罪（法の否定）を否定することにより（法の否定の否定）、法規範の効力という公益を保護する存在なのである[10]。このように考えることにより、個別の法益侵害を具体的な刑量にダイレクトにつなげる理論構成は回避されることになる。

　もちろん、刑法が守るべきは法規範の効力という公益であり、死刑も刑法規範の維持のために科されるなどといえば、反個人主義的・全体主義的な思想であり、そこからは具体的な科刑基準が得ら

れないとする批判もありえよう。しかし、多くの人が、公益のために個人の法益（とりわけその生命）を犠牲にすることに心理的抵抗を覚えるとすれば、そこに死刑適用の抑制（さらには死刑の廃止）の可能性を見ることもできるのである。

　ヘーゲルの見解の当否はともかく、ここにおいては、刑罰理論上、罪刑の均衡の意味するところが根本的なところで不明確であることが判明する。かつてヘーゲルは、この点をめぐる概念が明確化されない限り、刑罰理論の混乱は続かざるをえないとした[11]。この 200 年近く前に述べられた言葉は、現在の日本の議論の状況にもそのまま当てはまるといえよう。

2　凶悪犯罪の動向と死刑

　応報刑の思想は、犯罪の実態や刑罰のもつ犯罪防止効果に（少なくとも直接的な）関心を抱かない立場であることをその特色（すなわち、一般予防または特別予防を重視する見解[12]と比較したときの特色）とする。ここで、わが国における凶悪犯罪の動向に目を向けると、殺人（強盗殺人を含む）の認知件数は、1954 年をピークとして一貫して減少し、2012 年には戦後最低を記録している。犯罪発生率（すなわち、人口 10 万人あたりの認知件数）で見ると、減少傾向はよりはっきりとする。日本は殺人の少ない国として、世界の中でも例外的なのである。実は、死刑言渡しの数も、このような傾向に対応して減少し続け、1990 年代はじめには、死刑はこのまま事実上の廃止に近づくのではないかとさえ考えられた。ところが、2000 年代に入り、この 10 年ほどの間において、死刑判決言渡し数・確定数は、顕著な増加傾向に転じたのである。オウム事件（1995 年）の影響も大きいが（この事件は、日本における死刑廃止を遠い未来に押しやってしまったともいわれる）、より決定的なことは、犯罪被害者の遺族が、

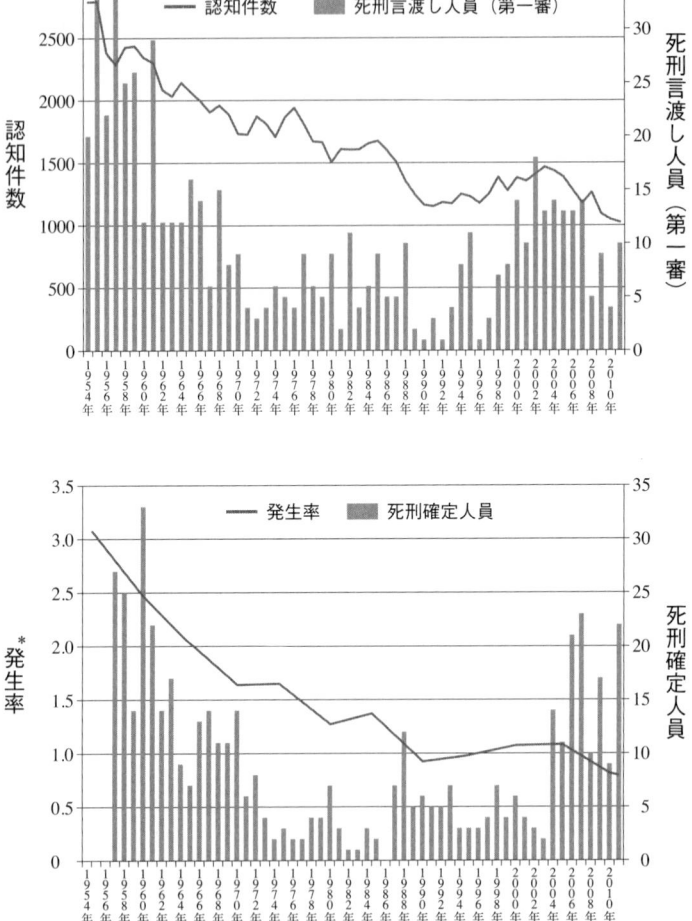

※「発生率」とは、人口10万人あたりの殺人及び強盗殺人の認知件数をいう。

年	認知件数	発生率	死刑言渡し人員(第一審)	死刑判決確定人員	執行数
1945年					
1946年	1781		36		
1947年	1943		104		
1948年	2279		112		
1949年	2389		55		
1950年	2522	2.97	57		
1951年	2532		42		
1952年	2591		33		
1953年	2554		21		
1954年	2790		20		
1955年	2792	3.1	34		
1956年	2383		22		
1957年	2287		35	27	39
1958年	2427		25	25	7
1959年	2437		26	14	30
1960年	2345	2.48	12	33	39
1961年	2303		29	22	6
1962年	2083		12	14	26
1963年	2033		12	17	12
1964年	2145		12	9	0
1965年	2065	2.08	16	7	4
1966年	1998		14	13	4
1967年	1905		6	14	23
1968年	1960		15	11	0
1969年	1890		8	11	18
1970年	1733	1.65	9	14	26
1971年	1727		4	6	17
1972年	1872		3	8	7
1973年	1814		4	4	3
1974年	1708		6	2	4
1975年	1863	1.66	5	3	17
1976年	1940		4	2	12
1977年	1814		9	2	4
1978年	1671		6	4	3
1979年	1665		5	4	1
1980年	1505	1.28	9	7	1
1981年	1610		2	3	1
1982年	1606		11	1	1
1983年	1608		4	1	1
1984年	1656		6	3	1
1985年	1675	1.38	9	2	3
1986年	1599		5	0	2
1987年	1506		5	7	2
1988年	1354		10	12	2
1989年	1248		2	5	1
1990年	1164	0.93	1	6	0
1991年	1153		3	5	0
1992年	1185		1	5	0
1993年	1175		4	7	7
1994年	1251		8	3	2
1995年	1231	0.98	11	3	6
1996年	1178		1	3	6
1997年	1251		3	4	4
1998年	1386		7	7	6
1999年	1278		8	4	5
2000年	1381	1.08	14	6	3
2001年	1355		10	4	2
2002年	1410		18	3	2
2003年	1466		13	2	1
2004年	1436		14	14	2
2005年	1387	1.09	13	11	1
2006年	1281		13	21	4
2007年	1178		14	23	9
2008年	1264		5	10	15
2009年	1093		9	17	7
2010年	1048	0.82	4	9	2
2011年	1025	0.8	10	22	0
合計	115184		1060	496	401

※「認知件数」とは、殺人と強盗殺人の認知件数である。
※「認知件数」における殺人は、既遂及び未遂、尊属殺を含み、嬰児殺を含まない。
※「認知件数」における強盗殺人は、既遂及び未遂の他、強盗致死を含む。
※「発生率」とは、人口10万人あたりの殺人及び強盗殺人の認知件数をいう。
※「死刑判決確定人員」は、その年の各審級において確定した人員を合計した数である。
※「死刑言渡し人員(第一審)」は、2010年には3件、2011年には9件の、裁判員裁判による判決を含む。

本表は、井田良＝大島隆明＝園原敏彦＝辛島明『裁判員裁判における量刑評議の在り方について』(法曹会、2012年) 179頁・180頁をもとに適宜修正して作成したものである。作成にあたっては、司法修習生の荒木泰貴氏の協力を得た。記してお礼申し上げたい。

人の死をもたらした犯罪に対する刑が軽すぎることに不満をもち、刑事司法に批判を加え、マスメディアもこれに協力して重い処罰を求めるようになったという事情であろう。その声は、刑事司法における犯罪被害者の権利保護の流れと合流して、人身犯罪の重罰化の主張となり、裁判所の量刑判断に対して、そして国会による立法に対して大きな影響力を発揮したのである[13]。死刑判決言渡し数・確定数の増加は、最高裁の永山事件判決（1983年）から光市母子殺害事件判決（2006年）への量刑基準の変化[14]にも対応しているといえよう[15]。もちろん、殺人の件数が減少しているとしても、それぞれの事件が個別的に見たとき質的により悪いものになっている可能性は否定できない。しかし、より想定しやすいことは、被害者遺族の処罰感情の表明に影響されて、裁判所の死刑適用基準が微妙に変化していることであろう。

　時代を少しさかのぼるならば、1970年代から80年代においては、犯罪については、これを社会的環境の所産と見る一連の社会学理論が主流であった。個人の行動は社会的諸条件により決定的に制約されており、社会の側の問題性が犯罪現象となって現れているとする思想は、当時の多くの研究者により共有されていた。犯罪に対しては社会の側もまた「共同の責任」を負うべきである（ペーター・ノル）とか、責任非難は「個人に強いスポットライトを当てて周囲の暗闇をさらに拡大する」ものである（ウィンフリート・ハッセマー）という主張は、抗いがたい魅力をもっていた。責任概念を中核とする刑法（責任刑法）は、少なくともその当時においては、裁く者と裁かれる者との互換性、したがって、置かれた環境により、われわれ誰しもが犯罪者と同じ運命をたどる可能性があったことを前提とし、犯罪に対し社会的な負の条件が作用した、ちょうどその分だけ、犯罪者を「免責」しようとするものであった。ちなみに、それは戦後

日本社会の支配的な文化にも適合的で、実務における猶予処分の活用や、当時の寛刑化の傾向とも符節を合するものであったといえよう。

　しかし、最近では、このような犯罪観は時代に合わないものとなってしまったようである。「社会の側にも犯罪への責任がある」という考え方をもち出せば、犯人を甘やかし、その責任を不当に低く見積もることであり、それは被害者への配慮を欠くものであるという反応を受けることともなりかねない。犯罪被害者保護の思想が強調された結果として、それは犯罪の社会的原因の究明と緊張関係に立つものにさえなってしまったのである。ただ、より根本的な問題は、そもそも犯罪をその社会的条件に関連づけて捉えようとする思想そのものが、いまの時代思潮の中でいつの間にか説得力を大幅に失ってしまったように見えることである。これを社会構造や時代思潮の変化に基づく必然的な現象であるとする社会学者は、個人化（Individualization; Individualisierung）という用語を導入している。戦後の福祉国家の下で、個人の置かれる社会的条件が一定程度均質化したことを前提に、個人がさまざまな制約から免れるとともに、個人の自己決定や自己責任が強調される時代となった。リスク社会論で有名なウルリヒ・ベックは、個人が階級や家族による規制と拘束から解放され、自己の判断と責任において生きることを強いられる時代になったことを説得力をもって論じている[16]。個人化の時代には、個人の責任といっても、その個人にはいかんともしがたい側面もあるという発想は弱まる。犯罪は社会から切り離され、個人の中に閉じ込められ、個人が100パーセントの責任を負うべき現象として理解されるようになる。自由な経済活動による「勝敗」の結果が個人の自己責任に帰せられるべきであるように、犯罪もまた個人に帰せられ、社会への転嫁による免責は認められない。重罰化の傾向は、

このような思想からの当然の帰結として把握される。

　以上のことを前提として、死刑制度の問題に立ち返れば、公的制度としての刑罰制度を運用していくにあたり、犯罪の実態と動向を顧みず、刑罰のもつ経験的効果に関心を向けない、ということではたしてよいのかどうか（もし、それでよいとするのであれば、なぜよいのか）が問題とされざるをえない。いまの状況に限っていえば、殺人が減少していて、殺人を禁止するルールの効力が動揺しているとか、ルールの効力の補強が必要であるとかの事情はないのに（しかも、諸外国から日本の死刑制度に対し批判の向けられている現在において）、死刑適用基準を緩和してより多くの死刑を言い渡す方向に変化させなければならない理由はあるのかが問われなければならないのである[17]。また、前述のような「個人化」は、一時の流行にすぎない現象であると断定することはできないものの、ここ10年ほどの間にクローズアップされてきた現象にすぎないことに注意すべきであろう。そのような傾向に棹さして、被疑者・被告人や受刑者の権利利益に大きく干渉する政策（ないし政策転換）を実施すること、すなわちここでは死刑の適用基準を緩和することが適切なことであるのかどうかについてはきわめて慎重な検討を必要とするというべきである。

3　遺族の処罰感情と量刑

　次の争点として、被害者遺族の処罰感情が現在の量刑水準を重罰化の方向に動かしているとすれば、それを法律専門家としてどう評価すべきかが問われる。一般論としては、量刑において被害者遺族の処罰感情を考慮するのは当然のことであるように思われるものの、他方、死刑か無期懲役かの選択が問題となるケースで、遺族が強い報復感情をもっているかどうかだけが選択の結論の分かれ目になる

とすれば、それは不当なことといえよう。それでは、被害者遺族の処罰感情は量刑においていかなる理由で・どの程度に考慮されるべきなのか。それは、刑罰本質論との関わりで立ち入った検討を要する重要なテーマといえよう。

　この問題について刑罰理論・量刑理論の観点から検討した上でどのような結論を出すとしても、さらに次のことが大きな論点となるであろう。第2章・高橋論文が指摘しているように、どの程度の刑を科すかは、被害者遺族の応報感情だけで決められるわけではない[18]。殺人の被害者遺族のうち、その加害者が死刑になるのはきわめて少数である（家族が殺人の被害者になったというとき、その報復感情が癒やされない人がほとんどということになる）[19]。ある調査[20]では、一定の期間内に一審が終局した、殺人既遂または強盗殺人（強盗致死）の事件の中で、検察官が死刑を求刑したのは2.6パーセントにすぎなかった。他方、死刑求刑事件のうち、死刑判決が下されたのは55.8パーセントであった。そうであるとすると、身内を故意で殺されてもごくわずかの割合しか死刑判決は下されないということになる。こういう状況の下で、遺族の処罰感情を考慮することがどういう意味をもつかが問われよう。もしこれまで以上に被害者遺族の処罰感情を考慮することにすれば、歯止めなく死刑判決が増加しかねないことになり、逆に、死刑の言渡しを抑制することにすれば、被害者遺族の刑事司法への不満は蓄積していくことになる。この点についてわれわれはどのように考えるべきか。死刑制度を当面、維持すべきであるという結論を出すときでも、はたしてこの制度をどう運用していくのかという問いにきちんと答えなければならない。そうでなければそれは無責任のそしりを免れないという批判も出てくるであろう。

4　裁判員裁判による死刑判決と控訴審裁判所におけるその審査

　この問題は、本書に収録された諸論文において取り上げられているわけではないが、上の2において述べたことと密接に関連し、また今きわめてアクチュアルな意味をもっているので（最近の東京高裁の2判決〔平成25・6・20および平成25・10・8〕は、それぞれ裁判員裁判による死刑判決を破棄して、無期懲役を言い渡したが、いずれの事件に対しても検察官による上告がなされ、現在、最高裁に係属している）、ここにおいて言及しておきたい。根本的な問いは、裁判員が加わって行われた量刑判断に対し、従来の裁判官裁判の量刑水準を尺度に用いて「量刑不当」の評価をなしうるかどうかである。

　私はこの問いに対し「然り」と答えるべきであり、死刑判決が問題となるときにはますますそうであると考えている。従来の量刑水準（いわゆる量刑相場）とは、一般の市民が適正な刑として受容できる刑の追求という理念の下に長年にわたり裁判官が判断を積み重ねてきた、その結果にほかならない[21]。裁判員裁判においても理念そのものはまったく変わらないのである。裁判員裁判においては、従来の量刑水準を前提としつつ（それを「ご破算」にしてまったく違った土俵の上で相撲をとるというのではない）、一般市民の意見や感覚を反映させる形で判断を積み重ねていくべきものである[22]。たしかに、裁判員裁判の制度導入の趣旨からして、一般市民の意見・感覚を取り入れて従来の量刑基準を部分的・漸次的に修正していくことは排除されていないばかりか、大いに期待されているところである。しかし、その場合に二つの点に留意することが必要であろう。一つは、その意見・感覚が（刑罰理論に定礎された）量刑判断の本質的枠組みに適合するものであるかどうかの吟味が必要だということであり、もう一つは、従来の基準の修正に基づく量刑水準の変更が公正性・平等性の要請に反するものでないかどうかの検討も欠かせないとい

うことである。裁判員裁判の量刑判断の控訴審裁判所による審査にあたっては、これらのことが考慮される必要がある。

　そのことは、死刑の選択の場面のみならず、裁判員裁判の量刑の全般についていえることである。ただ、とりわけ死刑の選択の場面については、さらに次のような事情が付け加わると考えられる。すなわち、①死刑については、これまでの裁判官裁判の下でとりわけ慎重な検討と検証が行われてきた結果として（判断の集積物として）定着してきた死刑適用基準が存在していること、②死刑と無期懲役の間には質的・飛躍的な区別があり、死刑と無期懲役の両方が「上訴審による量刑審査の及ばない判断枠の範囲内」に入るということが考えにくいこと、③生命を奪う刑罰については、とりわけ公正性・平等性の要請に意を払うべきであること、これらの三つのことから、控訴審の審査がより積極的に行われることが正当化されると考えられる。

　さらに、実質的により決定的なことは、上に述べたように、いま従来の死刑適用基準をさらに重くする方向に変更すべきことを正当化するような事情・要因がまったく存在しないことである。たとえば、殺人罪が増加しており刑罰による威嚇的作用に期待が向けられているという事情も存在しないし、これまでの長年の裁判官裁判の中で考え抜かれ検証され定着してきた死刑適用基準が、国民一般の正義感情に合致しないことを示すような事情も存在しないのである。このようにして、死刑か無期懲役かの選択が問題となる事件については、控訴審裁判所においては、これまでの死刑適用基準の枠を外れていないかどうかを慎重に検討すべきものであろう。

5　被害者支援との関係

　死刑の存廃と被害者支援との関係も重要な論点である[23]。第2

章・高橋論文は、死刑を廃止するためには、被害者支援を充実させ、コミュニティが被害者遺族を支えて、被害者感情が死刑存置に向かわないようにすることが前提となるとした。これに対し、第8章・太田論文は、犯罪被害者の支援の充実は、それ自体として追求されるべき国等の責務なのであって、死刑の存廃とは別個の問題であるとする。たしかに、太田教授の考え方はよく理解できる。被害者支援を死刑廃止の手段として位置づけるような発想に「不純」なものを見て取り、それは被害者（遺族）を冒瀆するものでもあると感じるのであろう（そこには、道徳法則は定言命題でなければならないとしたカント的な発想がある）。他方、高橋教授は、被害者支援は死刑廃止の手段という二次的なものにすぎないとしているわけではなく、「被害者支援が不十分だから、被害者感情が死刑存置に向かっており、被害者支援が充実すれば、死刑廃止も可能となる」と単純に主張しているわけでもない。現行の刑事司法制度においては、被害者遺族の感情がもっぱら犯人への報復に向かわざるをえないという認識に立脚し、そこから脱却するためには、被害者支援と諸関係の修復を組み込んだ、刑事司法制度の再構築が要請されるとするのである。ここには、深い洞察が示されており、死刑存廃と被害者支援の関係をめぐっては、さらに掘り下げた研究が求められているというべきであろう。

6 誤判の問題

死刑廃止論の一つの重要な論拠となっているのは、誤判が生じたときに取り返しがつかないということであろう[24]。ここにいう「誤判」としては、被告人が真犯人かどうか、そして責任能力等があったのかどうかという刑事責任の有無の判断の場面における誤判のほかに、犯行における役割の大きさの評価の誤りとか、被告人に有利

な量刑事情の見落としとかに起因する誤った死刑の言渡しも考えられよう。しかし、この誤判の問題は、死刑存置論の側からは必ずしも廃止の決定的な論拠とは考えられていないように見える。他方で、誤判により不正な死刑の言渡しと執行が行われうることは、必要な制度の運用にともなう「不可避的なリスク」として甘受すべきものと主張されるようなことはない。死刑存置論の側からは、誤判に基づく誤った死刑判決の執行が行われることは実際上生じえないと暗黙のうちに前提とされているのではないかと推測される。

このような前提が成り立つにあたっては、日本では一般的に誤判が少ない、とりわけ重大事件についての有罪認定に関しては誤りが稀有だと考えられていることに加えて、法務省内における死刑執行起案の手続の存在も大きいといえよう。第4章・原田論文によれば、それは「法務省刑事局において検事が割り当てられた死刑確定事件について、未提出記録を含めて全記録を検討し、確定判決に事実誤認がないか、再審事由はないか、恩赦事由はないかなどを検討し、その結果を報告書として作成・提出する手続」である[25]。このような手続を通じて、確定判決を経た事件であっても、法的・事実的見地から一抹の不安が残る事件の判決については、法務大臣による執行を命じる手続がとられず、事実上執行がなされないことにもなるのである。こうした、いわば「第4審」の手続を通じて、死刑確定判決にはさらにフィルターがかけられることになり、誤った判決の執行の可能性は極小化すると考えられることになる。

このような手続は、万が一にも「司法殺人」が生じないようにするための工夫として評価されるが、他方において、執行前の死刑確定者が増加するにともない、第8章・太田論文が正当に指摘するように、選別基準の不明確性とその恣意性を感じさせるものとなり、また、長期にわたり（本当は事実上執行されることがないのに）ただ執

行の恐怖にさらし続けることになるという問題をもっている[26]。日本の死刑制度に対する、最近の国際人権組織やヨーロッパ諸国の批判はここに向けられているが、それは、人権感覚をもつ国が死刑制度を運用する際に生じる不可避的な矛盾ともいうべきであり、それが、いま諸外国から大きな問題をもつ事態として認識されていることはわきまえておく必要がある。

Ⅳ 日本人の死生観・刑罰観と死刑

日本は、国際的な人権擁護組織や、とりわけヨーロッパ諸国から強い批判を受けているにもかかわらず、死刑制度を維持してきている。内閣府が 5 年ごとに実施する世論調査[27]によると、死刑をやむをえない制度であると回答する割合が 80 パーセントを超えており、最近の 2009 年の調査ではそれが 85.6 パーセントという最高の値を記録した。死刑を廃止すべきだとする意見は 5.7 パーセントにすぎない。政治はつねに民意につき従うのでなく、ときには国民世論を指導すべきものであるが、これだけ多くの国民が死刑やむなしとしており、しかもその比率が増加しているときに、政治家がリーダーシップをとって死刑制度の見直しを行うのはなかなか困難なことであろう。

日本人は非人道的であり、人権感覚がより鈍いという批判はただちにはなしえない。第二次世界大戦後の日本においては、個人の生命の尊さや不可侵性についての認識は格段に深められたといえよう。多くの日本人が死刑をやむをえない刑と考え、国会でも見直しの議論が起こらないのは、個人の生命の不可侵性がさらに強く意識され、理由もなく尊い生命を奪う殺人行為に対する否定的評価が非常に強まった結果として、死刑という極刑もやむをえないとする理解が大

多数を占めるようになったからと考えることができる。

　日本人は、身内の死に対し情緒的に反応する。2000年にオーストリアのカプルンでケーブルカーの火災事故が発生し、155人の犠牲者を出したが、そのうち10人の日本人死者の親族の現地における行動は他の国々の人々とは非常に異なっており、現地の住民を驚かせたと伝えられる。前にも触れたところであるが、1990年代以降に生じた重罰化・厳罰化に向けての動きも、諸外国とは相当に様相を異にしている。犯罪被害者の遺族が、人の死をもたらした犯罪に対する刑が軽すぎることに不満をもち、刑事司法に批判を加え、マスメディアもこれに協力して重い処罰を求めたことが大きく作用した。日本の被害者遺族は、とりわけ自分の子どもの生命が奪われたとき、犯人に少しでも重い刑が科されるようにするために行動することが死者に対する道徳的義務であると考えている。被害者遺族の活動は、マスメディアや政治家や省庁をも動かし、「これまでの刑法は、被害者に冷淡であり、その意味で偏頗であって不公正であった」という批判が広まった。その批判は、2000年代に入ってから今日に至るまで、この100年の間における、日本の刑法のもっとも大きな改革を実現させたのであった[28]。

　死刑を含む日本の刑罰制度の背後に、人の生や死、そして罪と罰に関する、日本人の基本的な考え方（すなわち、日本人の死生観と刑罰観）があると考えることは自然である。日本人は特有の死生観をもっているとよくいわれる。そもそも死生観とは、日本語に独特の言葉であり、「死にどう向き合うか」、そして「死後についてどのような考え方をとるのか」という問いに対する考え方を示す言葉とされる[29]。また、罪と罰に関する日本人の感覚も、独特なものである。わが国では、犯罪者となった人に対し、法的制裁以外のさまざまな社会的制裁が加えられ、さらには犯人の近親者などにも非難が向け

られ、父親が勤める会社をやめざるをえなかったり(そればかりか自殺に追い込まれたり)、兄弟姉妹の縁談が破談となったりすることがあるが、このようなことは欧米では見られない[30]。

　日本における重罰化の現象は、故意によるものであれ、過失によるものであれ、被害者を死亡させる犯罪について顕著に生じている。したがって、そこにおいては日本人の死生観が大きく関わっていると推測することが可能である。それでは、日本人の死生観にはどのような特色があるのか。

　日本社会は、個人主義の社会ではなく、集団主義の社会である。個人は、家族や、会社組織や、友人関係という共同体の中に組み込まれて生きている。上手に人間関係を築けない人には、日本社会はきわめて生きることの難しい社会である。離婚経験が人格的欠陥と見られたり、企業における内部告発が道徳悪のように見られることさえある。先に、私は、日本人が自分の子どもの生命が奪われたとき、犯人に少しでも重い刑が科されるようにするために行動することを、死者に対する道徳的義務と考えていると述べた。そのことは、日本人の親が子どもに対し、自分の生活や人生そのものを犠牲にしてまでも献身的に尽くすことを道徳的義務と見なしていることに対応している。日本人の死生観は、共同体に関連づけられ、集団主義的であることを特色とする。身内の死は、自己の人生そのものの一部否定であり、自己の重要部分の死である。それは、日本語の語彙にも反映しており、「死なれる」という表現がよく使われる[31]。

　日本において、死は個人の現象ではなく、そこでは他者への影響がつねに意識される。「死は共鳴する」ともいわれる[32]。キリスト教を代表とする一神教の下では、神と個人の二項関係が基本となり、神の前に個人と個人とが切り離されるのであろう。そして、神との関係を媒介として、現世と死後の世界とが連続する。これに対し、

集団主義の日本社会では、自分が帰属する社会との関係が優先し、神も複数存在するから、神を媒介として個人が個人として独立するということはない。死後の世界は、先に逝った人々と再会する、まばゆいばかりの「浄土」という抽象的なイメージにすぎない。この世こそが唯一のものであるとする現世中心思考が支配している。日本人のほとんどは、死後の世界を本当には信じておらず、人は死ねば「自然に還る」[33]という認識ではないかと思われる。戦後日本を代表する著名な思想家の一人は、日本人の行動の一般的な準拠枠組みを「集団志向性を中心とする現世主義」と表現した[34]。

　他方で、日本人にとり、生命は高い価値を有し、不可侵の生活利益であるとしても、それが絶対のものではない。個人にとり「生命よりも大事なものがある」と意識される場面がある。他者を救うために命を捨てる行為は、道徳的に高潔な行為であり、それができない自分は臆病だとすることは、日本人には伝統的に自然な考え方であり、「武士道」の思想につながっている。日本人の道徳の基盤には、宗教よりも武士道があるという人もいる[35]。ここにおいては、死生観が刑罰観に接続する。重い罪については死をもって贖うことが求められ、それは潔く受け入れるべきであり、躊躇することは武士道に反する。それは、日本において伝統的に見られる思想である。明治維新後における近代刑法成立以前には、武士階級への優遇的措置として、罪を犯したときでも、切腹という名の自殺を命じることが行われた。このように、自らの罪ないし恥を死をもって贖い、清算するということは、日本人の感覚に根を下ろしている。日本では、毎年3万件前後の自殺が行われる。そのうちの相当部分は人生に悲観し、希望をもてずに死を選ぶものであろうが、家族・親族や会社組織や近隣社会との関係での自分の罪ないし恥について、死をもって許しを請う（「死んでお詫びをする」）という形の自殺[36]も相当数含

まれることが推測される。こうしたことも、死刑という刑罰が日本人に受容されていることの一つの理由であろう。

以上のように、日本人がいまだに死刑制度を維持していることは、日本人の死生観・刑罰観と大いに関連していると考えられる[37]。しかし、ここにおける本質的な問題は、日本において死刑制度が広く受け入れられている理由を日本人独特の死生観・刑罰観により説明ないし理解することが可能であり、そのことに一定の説得力があるとしても、これにより死刑制度そのものを正当化できるものではないということである。日本刑法の殺人罪規定の適用は、国内における外国人による犯行や、外国における外国人の犯行にも適用される（刑法1条および3条の2を参照）。世俗化され、かつ国際化された現代社会においては、一国の国民感情や伝統的文化との合致という要素は、法制度の正当化根拠として役に立たないか、せいぜいいくつかの弱い根拠のうちの一つにすぎないといわなければならない。

Ⅴ　結　語

本書に収められた、本稿を含む8編の論文は、死刑制度をめぐる多くの重要論点のうち、その一部を取り上げて検討したものにすぎない。いうまでもなく、ここでは触れられていないテーマの中にも、重要性が高いものが数多く存在している[38]。しかし、以下の論文の中には、既存の論点の新たな側面に光を当てた部分、また、これまでより掘り下げた分析と検討を加えた部分が含まれており、それらは広く参照される価値があると考える。

翻って再思すると、本書の企画の出発点は、刑事法の専門家の知見と学識を一般市民にも理解できる形でわかりやすく提供しようというところにあった（本書「はしがき」を参照）。しかし、本書がその

全体として明らかにしていることは、刑事法の専門家が、罪刑均衡の意義、凶悪犯罪の実態とその処罰のあり方、遺族の処罰感情の量刑における考慮の可否、死刑存廃論と被害者支援の関係、誤判の問題、日本人の国民感情・伝統的文化と法制度の正当化といった、一連の根本問題に対し、必ずしも一致した透徹した見解をもたないということであるように思われる。自戒の意味をこめて述べるならば、われわれ法律学の専門家には、刑罰の根本問題をめぐる、より立ち入った学問的検討（学際的・比較法的研究を含む）がいまこそ求められており、そこにおいて、まさに鼎の軽重を問われているのである。

---

1) 高橋則夫『刑法総論〔第2版〕』（成文堂、2013年）、同『刑法各論』（成文堂、2011年）。
2) 高橋則夫『修復的司法の探求』（成文堂、2003年）、同『対話による犯罪解決──修復的司法の展開』（成文堂、2007年）など。
3) 重要な著作として、椎橋隆幸『刑事弁護・捜査の理論』（信山社、1995年）、同『刑事訴訟法の理論的展開』（信山社、2010年）等がある。
4) 原田國男『量刑判断の実際〔第3版〕』（立花書房、2008年）、同『裁判員裁判と量刑法』（成文堂、2011年）、さらに、同『逆転無罪の事実認定』（勁草書房、2012年）など。
5) Franz Streng, Strafrechtliche Sanktionen: Die Strafzumessung und ihre Grundlagen は、2012年に第3版が出ている。その他の最近の著書として、ドイツの「少年刑法」の定評ある教科書である Jugendstrafrecht, 3. Aufl. 2012 もある。
6) ホーン氏には、『突然に子を失って』と題する著書（Petra Hohn, Plötzlich ohne Kind, Gütersloher Verlagshaus, 2008）もある。
7) もっとも有名な支援組織は、「白い環 Weisser Ring」である。
8) 特に、椎橋・後掲52頁以下を参照。
9) それは、学説と実務を通じて、現在の支配的見解である。実務においては「犯情により刑の大枠が決」まるといわれるが（原田・後掲63頁）、それはこの原則の具体的表現にほかならない。
10) G. W. F. Hegel, Grundlinien der Philosophie des Rechts, in: Werke in zwanzig Bänden, Bd. 7, Suhrkamp Verlag, 1986, Zusatz zu § 97, S. 186. ヘーゲルのこの著作については複数の日本語訳がある。なお、ヘーゲルの刑罰理論については、

たとえば、Andreas von Hirsch u.a.（Hrsg.), Strafe - Warum?: Gegenwärtige Strafbegründungen im Lichte von Hegels Straftheorie, Nomos, 2011; Heiko Hartmut Lesch, Der Verbrechensbegriff, Heymanns Verlag, 1999, S. 75 ff.; Jean-Christophe Merle, Strafen aus Respekt vor der Menschenwürde, De Gruyter, 2007, S. 93 ff.; Kurt Seelmann, Anerkennungsverlust und Selbstsubsumtion, K. Alber, 1995 などを参照。

11) Hegel（前掲注10））§ 99, S. 188.

12) 「一般予防」とは、犯人以外の一般の市民の将来の犯罪を防止することをいい、「特別予防」とは、特に犯人自身の再犯を防止することをいう。死刑のもつ一般予防効果・特別予防効果について、シュトレング・後掲97頁以下を参照。

13) 詳しくは、井田良『変革の時代における理論刑法学』（慶應義塾大学出版会、2007年）2頁以下、11頁以下、209頁以下、同「越境犯罪と刑法の国際化―問題の素描―」『神山敏雄先生古稀祝賀論文集・第1巻』（成文堂、2006年）669頁以下、同「最近の刑事立法をめぐる方法論的諸問題」ジュリスト1369号（2008年）54頁以下、同「刑事立法の時代―現状と課題―」犯罪と非行160号（2009年）6頁以下およびそこに引用された文献を参照。その後の論稿として、たとえば、只木誠「刑事立法（刑法、刑事訴訟法の立法）へ与える被害者保護の影響」、金尚均＝ヘニング・ローゼナウ編著『刑罰論と刑罰正義』（成文堂、2012年）所収、95頁以下などがある。

14) 高橋・後掲33頁以下、原田・後掲79頁以下を参照。

15) この点に関する精緻な研究として、永田憲史『死刑選択基準の研究』（関西大学出版部、2010年）が重要である。

16) 東廉＝伊藤美登里訳『危険社会―新しい近代への道―』（法政大学出版局、1998年）第2部。

17) この点について、井田良「裁判員裁判と量刑―研究者の立場からの提言―」司法研修所論集122号（2012年）213頁以下を参照。

18) 高橋・後掲35頁。

19) この点につき、宮澤浩一「死刑廃止論の一試稿」、同『刑事政策の源流と潮流』（成文堂、1977年）所収、23頁以下を参照。

20) 井田良＝大島隆明＝園原敏彦＝辛島明『裁判員裁判における量刑評議の在り方について』（法曹会、2012年）108頁以下を参照。

21) この点につき、井田良「裁判員裁判と量刑」論究ジュリスト2号（2012年）65頁を参照。

22) この点につき、小池信太郎「裁判員裁判における量刑評議について」法学研究82巻1号（2009年）629頁以下を参照。裁判員裁判の下では従来の量刑相場に拘束されてはいけないとされることがあるが、それは「拘束」を厳密

な意味で理解する限りにおいてのみ正しい。
23) 日本の刑事法の中での犯罪被害者の位置づけとその取扱いについて歴史的に概観する論稿として、松尾浩也「犯罪被害者と法」日本學士院紀要64巻2号（2010年）71頁以下が重要である。
24) とりわけ近年では、団藤重光『死刑廃止論〔第6版〕』（有斐閣、2000年）の主張が重要である。
25) 原田・後掲83頁注1)。これについては、読売新聞社会部『死刑―究極の罰の真実―』（中央公論新社、2013年）67頁以下を参照。
26) 太田・後掲172頁以下。死刑執行に至るまでの実際については、読売新聞社会部『死刑』（前掲注25）19頁以下を参照。
27) その結果の詳細は、内閣府のウェブサイトにおける世論調査の箇所で見ることができる（http://www8.cao.go.jp/survey/h21/h21-houseido/2-2.html）。なお、これについて、髙山佳奈子「刑罰論からみた死刑」、佐藤舞＝木村正人＝本庄武「死刑をめぐる『世論』と『輿論』」、山﨑優子「裁判員の心理と死刑」、福井厚編著『死刑と向きあう裁判員のために』（現代人文社、2011年）所収、2頁以下、65頁以下、87頁以下も参照。
28) 前掲注13)に引用した文献を参照。
29) 島薗進『日本人の死生観を読む―明治武士道から「おくりびと」へ―』（朝日新聞出版、2012年）55頁以下。
30) 鈴木伸元『加害者家族』（幻冬舎、2010年）に描かれている内容は、欧米諸国の人々の理解をおよそ超えるものであろう。
31) 木田元『哲学以外』（みすず書房、1997年）330頁は、「死なれる」が日本語に独特の表現であることを指摘している。
32) 小松美彦『死は共鳴する―脳死・臓器移植の深みへ―』（勁草書房、1996年）。
33) 上田正昭『死をみつめて生きる―日本人の自然観と死生観―』（角川学芸出版、2012年）59頁以下を参照。
34) 加藤周一「日本人の死生観」（1977年）、鷲巣力編『加藤周一自選集・第6巻』（岩波書店、2010年）所収、44頁。
35) 島田裕巳『宗教はなぜ必要なのか』（集英社インターナショナル、2012年）114頁以下は、そういう見解を紹介している。
36) この点につき、加藤周一「日本人の死生観」（前掲注34））58頁を参照。
37) なお、日本において死刑に賛成する人が多い理由は、個人がその権利保護にあたり国家に依存する程度が高いことや、公益と私益とがしばしば十分に区別されないで語られ、私的レベルの被害が公的問題として論じられる傾向にあることとも関係しているように思われる。これらも興味深い論点であるが、ここで立ち入った検討を加えることはできない。

38) 廃止論の立場から、死刑制度をめぐるさまざまな考え方を詳細に記録した著書として、三原憲三『死刑廃止の研究〔第6版〕』(成文堂、2010年)、同『死刑存廃論の系譜〔第6版〕』(成文堂、2008年)、同『誤判と死刑廃止論』(成文堂、2011年)がある。

第 2 章

死刑存廃論における 一つの視点
―― 応報的正義(Retributive Justice)から
　　修復的正義(Restorative Justice)へ

高 橋 則 夫

I これまでの死刑存廃論

わが国における死刑論議は、すでに論点が出つくした感があり、残るはチョイスの問題、すなわち、それぞれの世界観、価値観からの決断の段階にあるといえよう[1]。

死刑廃止論からは、①人道上の禁止（死刑＝野蛮かつ残虐）、②国民に殺人を禁止する一方で、国家による殺人を認めるのは矛盾である、③国家が与えられない生命を奪うことは許されない、④死刑囚に対する改善の余地がなくなる（教育刑）、⑤動的な刑罰の性格に不適切である、⑥犯罪者・一般人に威嚇力はない、⑦誤判の場合に回復が困難である、などが根拠とされている。

これに対して、死刑存置論は、①と②と③に対しては、生命を奪った犯罪こそ非人道的である、④と⑤に対しては、刑罰の目的は因果応報である、⑥に対しては、死刑の威嚇力はある、⑦に対しては、誤判は死刑に限らない、などの反論がなされている。

このように、両者譲らず、水掛け論的様相を呈している。そこで、国家対加害者という枠組みと被害者対加害者という枠組みの関係性という視点から死刑を考えてみたい。この点は、現在、被害者遺族の応報感情の充足という点が死刑存置論の重要な論拠となっているだけに、避けては通れない問題である。

II 被害者（遺族）と死刑制度

被害者（遺族）と死刑の問題は、地下鉄サリン事件や光市母子殺害事件などにおいて、議論が活発化した。光市母子殺害事件差戻し控訴審（広島高判平成20年4月22日高刑速報平成20年5号201頁）は、

元少年（犯行当時18歳1ヶ月）に対して死刑の判決を言い渡した。この事件は、被害者遺族の思いがメディアを通して広範に報道された結果、国民の多大な関心事となった。この控訴審判決については、様々な角度から検討されるべきであるが、ここでは、とくに犯罪被害者という観点から考えてみたいと思う。

最高裁は、「連続ピストル射殺事件（永山事件）」（最判平成5年7月8日刑集37巻6号609頁）において、犯行の罪質、動機、態様とくに殺害の手段方法の執拗性・残虐性、結果の重大性とくに殺害された被害者の数、遺族の被害感情、社会的影響、犯行時の年齢、前科、犯行後の情状という9項目を総合的に考慮し、刑事責任がきわめて重大で、罪刑均衡の見地などからやむを得ない場合には死刑の選択も許される、と判示した[2]。

まずは、この永山基準との関係が問題とされるべきである。たしかに、この永山基準は抽象的な指針にすぎず、個別事案において具体化されるべきものであるが、「例外的に死刑」という基準を採用していたのに対して、光市母子殺害事件で破棄差戻した最高裁判決（最判平成18年6月20日判タ1213号89頁）は、永山基準を前提としつつも、「原則的に死刑」という基準を採用したといわざるを得ない[3]。すなわち、犯罪が悪質な場合には原則として死刑であり、とくに酌量すべき事情がある場合に限って例外的に死刑を回避するという考え方が表明されたといえるだろう。しかし、本件は、被害者の数と被告人の年齢などの点で、このような「原則・例外の逆転」という判断を簡単には下すことのできない限界事例であることに注意すべきであろう。それにもかかわらず、最高裁がこのような判断を行い、控訴審判決もそれに従ったのは、9項目の永山基準のうち、とくに「被害者遺族の感情」を重視したのではないかという推測が働くのである。

III 被害者(遺族)と刑事司法

　犯罪被害者遺族が「死刑にしてもらいたい」という感情を抱くのは、至極当然のことである。愛する人を残忍な形で失ったのであり、被害者の声はまさに魂の叫びである。被害者の手記を読むと、加害者への復讐感情が湧き出ることを押し止めることはできないだろう。しかしながら、これは被害者という私人の応報感情であり、国家刑罰権はそれのみによって根拠づけられているわけではないことも自明である。ここには、私的なレベルと公的なレベルという段階の差があり、問題は、その差を埋めることができるのか、埋めるための適切な手段は何かという点にあるように思われる。すなわち、国家刑罰権が被害者の応報感情のみで行使されるわけではない以上、刑事司法において被害者感情が完全に充足されることはあり得ない。そこでは、個々の被害者感情は、客観的被害者感情として類型化・一般化されてしまうのであり、法の世界である以上、これもまた当然のことであろう。むしろ、被害者感情を表明する公共の場として刑事司法とメディアしかないということが問題なのである。

　さらに、問題は、被害者感情＝応報＝死刑存置という等号が絶対的なものかどうかにある。被害者感情が応報と結びつくのは、犯罪以前の状態への回復が困難であることからの反射的効果であるということも考えられる。すなわち、応報感情の充足の前に、回復感情の充足という課題に取り組むべきであり、その点にこそ、被害者保護の実質的課題があるにもかかわらず、死刑こそ被害者保護になるという短絡的思考が流布しているように思える。この思考によれば、死刑によって被害者保護は完全に充足されることになるが、それは幻想である。死刑制度は、適切な被害者保護施策の実現を阻むもの

とさえいえるだろう。

IV 応報から修復・回復へ

わが国では、刑罰の本質を応報と解する考え方が有力である。すなわち、刑罰は、犯罪に対する反作用として、刑罰を科すことそれ自体に意味があるという見解である。カントの「目には目を」という正義論を基礎とするものであり、回顧的な刑罰観に基づいている。もっとも、応報の意味は多義的であり、形而上学的な国家的応報、罪刑の均衡を意図する応報、自己の内的な純化プロセスを問題とする贖罪としての応報などがある。ヘーゲルによれば、刑罰は、法の否定の否定であり、「法の回復」と解されることになり、こうなると、応報刑論も何らかの目的を持つことになってくる。「法的平和の回復」という考え方も、ヘーゲル的な思想が基礎にあるだろう。無目的な絶対的な応報刑論は、絶対的な国家論を前提とするがゆえに妥当ではなく、刑法規範の目的が法益保護にあると解する以上、刑罰は何らかの社会的目的を持たざるをえないだろう。

さらに、「罪刑の均衡」、「非難可能性としての責任」などの概念も、刑法の基礎にあることは疑いない。しかし、その内容は、依然としてきわめて曖昧であり、イメージとして受け取られる危険性もある。刑罰は、あやうい土台の上に存立しているシステムであることを看過すべきでないだろう。

これに対して、修復的正義（司法）は、犯罪を人々の関係の侵害と把握し、被害者、加害者、コミュニティが関与して、それぞれの修復・回復を目指すシステムであり、刑事司法の補完的役割を果たし得るものである[4]。各当事者は修復的司法システムに任意に参加し、うまくいかない場合には刑事司法システムに戻ることになるが、

このようなシステムが存在しないところに問題がある。すなわち、修復的司法システムにおいては、訓練された仲介者によって、当事者のコミュニケーションが実施され、この場でこそ感情のぶつかり合いが可能なのである。もちろん、直接対話が不可能な事案であれば、代理人等による間接的なコミュニケーションが行われる。要するに、修復的司法は、事件に関わる様々な人々がコミュニケーションをとれる場を提供し、それらの人々を架橋しようとするシステムなのである。

このように、法的コミュニケーションの場である刑事司法と生のコミュニケーションの場である修復的司法とが相俟って犯罪問題の解決に向かうべきであるように思われる。刑事司法が、規範的な「法的平和」を志向するのに対して、修復的司法は、事実的な「法的平和」を志向するものである。

修復的司法の観点によれば、加害者の責任とは、被害者の回復・再生のために何らかの措置を果たすことにあり、また、コミュニティの責任さらにはメディアの責任は、被害者の苦しみを共有し支援することであって、加害者に厳罰を科すことを要求することではない。

V 被害者関係的刑事司法から修復的司法へ

刑事司法の中に犯罪被害者を包含する方向には、2つの道筋があり、一つが「懲罰的な被害者（権利）モデル（被害者関係的刑事司法）」であり、もう一つが「非懲罰的な被害者（支援）モデル（修復的司法）」である。被害者参加制度などは、前者の実現という方向性にあり、このような被害者関係的刑事司法にとどまるかぎり、死刑廃止への道はきわめて困難であり、絶望的と言っても過言ではないように思

われる。

　犯罪被害者に当事者的地位を与えるとしたら、刑事司法とは別個の修復的司法のシステムにおいてそれは実現可能であろう。修復的司法においては、犯罪被害者は主体的地位を獲得できるからである。

　被害者参加制度は、被害者の生の声を考慮するという意味があるといわれているが、検察官の介在と裁判所の許可という制約があり、また、弁論としての意見陳述は証拠とされないなど、結局、被害者の生の声を出すことはできず、そこには、2次被害の可能性もあるように思われる。さらに、被害者参加制度は、被害者が事件の真相、情報を知ることに意味があるともいわれているが、この点についても、刑事司法の枠内では制約があり、ここでも2次被害の可能性の存在も否定できないだろう。

　刑事司法においては、事件の法的関連性が問題とされるわけだから、いわば、法的な対話が行われることとなり、被害者の生の声、事件の真相アクセスが制限されることはやむをえないことであろう。これに対して、修復的司法においては、人間的対話が実践されることによって、事件の全体像が明らかになる。修復的司法では、法的な関連性ではなく、被害者のニーズ関連性が中心的テーマとなるからである。被害者（遺族）は修復的司法に参加し、そこで得られた成果が刑事司法にフィードバックされればよいのである。そこで何らの成果も得られなかった場合には、刑事司法において「法的対話」の世界に委ねることしかできないのであって、その場合、人間的対話は刑事司法の原理によって削減されることになろう。

　「懲罰的な被害者（権利）モデル（被害者関係的刑事司法）」の実現に限界があり、その結果、犯罪被害者のニーズが十分に満たされないことから、もう一つの選択肢である「非懲罰的な被害者（支援）モデル（修復的司法）」の実現の可能性も考慮に値する課題となろう。

被害者・加害者・コミュニティそれぞれの回復と相互の関係修復へ向かうためのシステムを、刑事司法とは別個にかつそれに関連させて構築していくべきであろう。

VI これからの課題

　被害者感情が死刑存置に向かう要因は、被害者支援の不十分性とコミュニティの無責任性にあるように思われる。したがって、被害者支援の充実化とコミュニティを構成するわれわれ1人1人が被害者を支えるという社会の構築が望まれるのである。これが死刑廃止に至り得る唯一の道であろう。

　具体的な施策としては、終身刑の導入も考慮に値する問題である。被害者にとって、かりに、対話などの修復的司法に参加することによって、その結果が加害者の刑や処遇に影響を与え、仮釈放になってしまうのではないかという危惧も生じるであろう。そうであれば、仮釈放のない終身刑を導入し、刑務所内において修復的司法を実現していくというシステムも実現可能性があろう[5]。刑務所において、受刑者は、一生かかって、被害者（遺族）の再生・回復に向けて償うことが義務づけられるのである。もっとも、そのためには、刑務所における処遇を被害者志向的に行う必要があり、基本的に懲罰的である刑務所というシステムの再構築が必要となる。

　しかし、注意しなければならないのは、行刑段階に至ってはじめて対話などの修復的司法を実施するのではなく、刑事手続の各段階において、対話の場を設けることが要請されるということである。現在、警察段階では、「少年対話会」という制度が存在しているのも一つの参考となろう[6]。刑事司法と修復的司法を車の両輪として展開していくことが、これからの課題であるように思われる。

1) 死刑存廃論について、向江璋悦『死刑廃止論の研究』(法学書院、1952 年)、斎藤静敬『死刑再考論』(表現社、1967 年)、三原憲三『死刑存廃論の系譜 [5 版]』(2003 年)、団藤重光『死刑廃止論 [6 版]』(有斐閣、2000 年)、「〈特集〉死刑制度の現状と展望」現代刑事法 3 巻 5 号 (2001 年) 6 頁以下、井上薫編著『裁判資料 死刑の理由』(作品社、1999 年)、『量刑法の総合的検討 [松岡古稀]』(成文堂、2005 年)、森達也『死刑』(朝日出版社、2008 年)、森達也・藤井誠二『死刑のある国ニッポン』(金曜日、2009 年) など参照。
2) 本件につき、墨谷葵「判批」『昭和 58 年度重要判例解説』152 頁参照。
3) 本件につき、平川宗信「判批」『平成 18 年度重要判例解説』161 頁参照。
4) ハワード・ゼア (西村春夫・細井洋子・高橋則夫監訳)『修復的司法とは何か』(新泉社、2003 年) 195 頁以下参照。修復的司法については、さらに、高橋則夫『修復的司法の探求』(成文堂、2003 年)、同『対話による犯罪解決』(成文堂、2007 年) 参照。わが国における修復的司法の実現可能性については、細井洋子＝西村春夫＝高橋則夫編『修復的正義の今日・明日―後期モダニティにおける新しい人間観の可能性―』(成文堂、2010 年) 参照。
5) Edgar=Newell, Restorative Justice in Prisons, 2006、長谷川裕寿「殺人と修復的司法」前掲『修復的正義の今日・明日―後期モダニティにおける新しい人間観の可能性―』88 頁以下、太田達也「ベルギーにおける修復的司法と矯正の取組み (前)(後)」刑政 112 巻 8 号 20 頁以下、同巻 9 号 58 頁以下 (2001 年) 参照。
6) 高橋則夫「『少年対話会』の意義と限界―修復的司法の可能性―」早稲田大学社会安全政策研究所紀要 2 号 (2010 年) 33 頁以下参照。

第 3 章

日本の死刑制度
について考える

椎橋 隆幸

I　はじめに

　死刑の是非については様々なアプローチがあり得る。しかし、死刑は刑罰の一種であるから、刑罰論を含む刑事司法制度の中に適切に位置付けて論ずることが中心となる。

　私達は各自が生活する地域社会において互いに相手を尊重し、協力して各自の願いを実現したいと思っている。しかし、犯罪を犯し、尊重すべき他人の財産・自由・生命を奪った場合どうすべきか。犯人を発見し、裁判にかけ、適正な手続に従って、誤判の起こらない慎重な事実認定をして、認定された犯罪に見合った刑罰を犯人に加えて、できるだけ原状を回復して、犯罪によって乱された秩序を回復し、安全・安心な社会を取り戻す仕組みを設けている。安全・安心な社会においてこそ国民は憲法等に保障された基本的人権や自由を最大限に享受できるのである[1]。犯罪を犯したと疑われている被疑者・被告人の権利を保障し、適正な手続に従って捜査・訴追・裁判を行い、その結果、合理的な疑いを超えて有罪だと認定された場合に、認定された犯罪行為に見合った（均衡した）刑罰が科される制度が採られており、この制度は広く承認されている。

　このように死刑の是非は刑事司法制度の中で国民に基本権と自由を保障しつつ、他人の基本権や自由を奪った者にその犯罪に見合った制裁（刑罰）を科し、その結果、社会の秩序と安全・安心な生活を回復させ、全体として国民の納得が得られる仕組みを維持・発展させるという文脈の中で適切に位置付けられるべきものであり、死刑のみを特化して、死刑を存置していれば野蛮であるとか、人道に反しているとかの批判は短絡に過ぎよう。犯罪（特に凶悪犯罪）が多発していて、犯罪に対する法執行活動が不適切であるため犯罪取締

対策が不十分であるとか、逆に、適正手続に基づかない違法・不当な法執行活動が多い制度は問題であるし、また、刑事裁判も同様に適正手続に従っていないとか、誤判が多いのであれば問題は深刻である。法執行活動や刑事裁判が専制的な政治権力や闇の勢力の脅迫や汚職等による悪影響に支配されていることは許されない。また、summary execution（現場射殺、裁判手続を経ない刑罰の執行）が横行することも見逃してはならない。拷問や虐待が社会に蔓延していたり、前述のような法執行や刑事裁判に問題があるため国民の基本権・自由が保障されず、安全・安心な社会が実現していない状況の中で、死刑を廃止しているから文明国であり優れているのだということはできない。死刑は刑事司法の運用全体の中で、また、国民の基本権・自由と安全・安心な社会の継続・発展の中で適切に位置付けられなければならない。

　そこで、基本権の尊重、法の支配の確立、社会の安全・安心という国民が大切だと思い、保障されるべき理念・価値がどのくらい実現されているかが重要であり、それを測る尺度として、一方では、死刑制度を持っているかは重要ではあるが一つの要因として評価すべきであり、他方では、死刑廃止論の根拠として主張されている争点との関係で、各国が具体的にいかなる死刑制度を持っているかが真剣に検討されなければならない。死刑制度の是非は重要な論点であるが、それを一般的・抽象的に論じるだけでなく、いかなる人権状況・刑事司法制度の中で、いかなる死刑制度を持ち、それが支持に値するかが真剣に問われなければならない。

Ⅱ 国際的動向

1 死刑廃止の動向と日本の立場

　死刑廃止論者が、特に最近、廃止論の最も強い拠り所としているのは、死刑廃止は世界の潮流であるという点であると思われる。国連事務総長の報告（2008年12月現在）によれば、死刑存置国と廃止国の状況は、死刑制度を存置している国または地域は合計94カ国であるのに対して、すべての犯罪について死刑を廃止した国または地域が95カ国、戦時法や軍法などを除く通常犯罪においてのみ死刑を廃止した国または地域は8カ国である[2]。また、死刑制度を存置している94の国・地域の中、半分の47の国・地域は過去10年以内、死刑を執行していない。この47の国・地域を死刑存置国・地域または死刑廃止国・地域かの何れに分類するかによって死刑廃止の世界的潮流についての印象も相当に異なる。アムネスティ・インターナショナルはこの47の国・地域を死刑廃止国・地域に分類しているが、議論は分れている。なお、アムネスティ・インターナショナルの報告（2011年4月）によれば、死刑廃止国（通常犯罪に対してのみ死刑を廃止した国・地域、10年以上事実上死刑を執行しない国・地域を含む）が139カ国で、死刑存置国が58カ国と分類されている[3]。

　また、1989年、国連総会において「市民的及び政治的権利に関する国際規約（人権B規約）・第二選択議定書」（いわゆる死刑廃止条約）が採択され、条約の加盟国（72カ国〔2009年12月現在〕）内の者に死刑を執行しないこと、死刑廃止のためにあらゆる必要な措置を執ることを義務づけている（第1条）。なお、本条約は批准または加入の際、戦時中に行われた軍事的性質のきわめて重大な犯罪に対する有罪判決に従って戦時に死刑を適用することを留保できる（第2

条)。しかし、わが国はこの条約を締結していない。さらに、2007年、2008年、2010年には、国連総会において、死刑存置国に対し「死刑の廃止を視野に入れて死刑の執行猶予を確立すること」などを求める決議（モラトリアム決議）が採択されている。これに対して日本政府は、死刑制度の存廃、死刑執行モラトリアム導入の適否は、各国が国民世論、犯罪情勢、刑事政策の在り方等を踏まえて慎重に検討した上で、独自に決定すべきものである、死刑廃止の根拠とされた状況や理由が日本の場合、大きく異なったり、存在しない、また、死刑の存置を支持すべきとの世論は国民の合理的な判断として尊重されるべきであるところ、死刑廃止を視野に入れたモラトリアムの一方的な要請は遺憾などの理由で反対している[4]。

2 廃止国が増加した理由

確かに、国際的にみて廃止国は増加している。アムネスティの情報によれば、あらゆる犯罪に対して死刑を禁止した国の数の推移は、1863年（1カ国）から1960年（8カ国）までは一桁で推移していたが、1970年（13カ国）から2000年（75カ国）にかけて廃止国が大幅に増加した。しかし、2005年（86カ国）から2010年（96カ国）にかけてはそのスピードが鈍化している[5]。また、地域的にみると、廃止国は、ヨーロッパ、中南米、オセアニアに多い。第二次世界大戦への反省から、あるいは、政府や死刑制度に不信感が拭えないために、そして、人権重視という政治的配慮を示す必要のある国々が死刑の廃止に踏み切ったことには各々理由がある[6]。政権交替等政治的変動の激しい国々においては権力の座を降りたあと、いつ自分が訴追され、死刑判決を受けるかもしれないというおそれを除く必要があることも理解できる[7]。さらに、比較的、人口も少なく国土も狭く、深刻な犯罪問題を抱えていない国々が死刑を廃止することに

も理由がある。しかし、わが国の現在の社会・政治情勢、犯罪状況、死刑制度の在り方は、後述するように、上記の死刑制度の廃止に至った国々が抱えていた要因の有無と程度につき大きな違いがあるのである。

なお、廃止論者は廃止国の増加と死刑執行の減少をもって死刑廃止が世界の潮流であると主張するが、廃止国の増加は重要なファクターではあろうが、唯一のものではない。因みに、民意という観点からすると、死刑に賛成する人と反対する人のどちらが多いかも参考になる。アムネスティ・インターナショナル報告書によれば、廃止国（事実上の廃止国等をも含めて）の人口は存置国の人口の半分以下である。廃止国においても、死刑に賛成する人は相当数に上るので、世界中には死刑に賛成する人の方が廃止論者よりもはるかに多く存在すると言えよう。廃止国が世界の潮流であるという場合、廃止国の数を唯一の（あるいは中心の）指標とするのは偏った印象を与えているように思われる[8]。

ところで、基本権の保障、法の支配の実現、安全・安心な社会の確立はその国の住民、国民にとってきわめて重要な事項である。アムネスティ・インターナショナルの報告書によっても、この地球上には、生命・身体・財産を含む基本権の保障がおよそ十分でないとか、司法制度が整備されずに公平な裁判が受けられないとか、多くの人々がテロにおびえていたり、先住民に対する迫害が続いていたり、女性や少年に対する暴力が日常化している国々がまだ少なくない。この現象は死刑廃止国においても生じている。これらの問題は是非とも解決されなければならない。死刑を廃止すれば問題が解決されるという単純なものではない。むしろ、死刑を廃止しているから人権が尊重されているような錯覚を持つようなことがあれば危険である。これらの問題は各国が国を挙げて取り組むべき社会・政治

体制の改革であり、刑罰の在り方を含む刑事司法制度の改革であり、大きな物的・人的資源の投入が必要とされる課題である。

3 事実上の廃止国の問題点

制度上死刑を存置しているが、事実上10年間以上死刑を執行していない国をアムネスティ・インターナショナルは死刑廃止国に分類している。この分類方法は死刑廃止が世界の潮流であるというために死刑廃止国の数を増やすというキャンペーンとしては意味があるだろうが以下の問題がある。まず、これらの国々は法制度上は死刑制度を存置しているので、いつ死刑を執行しても不思議ではなく、その可能性もあるのである。実際、2010年には、死刑執行を中断していた台湾、ベラルーシなどの6カ国と地域が死刑を執行している。次に、死刑の執行は10年以上されていないものの、死刑判決は出されている国では次の点で問題が大きい。つまり、死刑制度は存在するので、凶悪犯罪で起訴された被告人には死刑判決が下されているのである。この場合、議会が制定した法律を当該刑事事件に即して司法（裁判所）が審理し、事実認定し、認定した事実に見合う刑罰を選択して死刑判決が下されたのに、行政府が議会と裁判所を無視する事態を齎しているのである。議会が制定した法律を執行するのが行政府の役割であるのに、行政府がその役割を果たさない状態が広がると、国の機能が麻痺する危険がある。死刑の執行が問題であるならば、裁判所が死刑は違憲であると判断するか、議会が死刑を廃止する立法を行うべきである。死刑か無期かを悩みに悩んで判断する裁判官は無力感を覚えるだろうし[9]、刑事裁判に国民が参加する制度の下では、裁判員たる国民は死刑を選択する苦悩を経験すると同時に、その後自分達の下した判決が執行されない事態を知ることになり、刑事裁判に参加した意義に疑問を持つこととなり、

その結果、刑事司法制度に対する信頼を失わせることになってしまうであろう。行政府による法の不執行を認めることは法の支配（法治国家）の原則の観点からは許されないものである。

Ⅲ　死刑の法的正当化根拠

1　死刑の是非と刑事司法制度の在り方・運用の問題

　アムネスティが死刑に反対する理由として次の点が主張されている。①死刑は「生きる権利」を侵害する、残虐で非人道的な刑罰である。②罪のない人を処刑する危険性は決して排除できない。③死刑になるのは、どこの国でも、貧困層やマイノリティなど、社会的弱者に偏っている。④死刑は政治的弾圧の道具として、政敵を永久に沈黙させたり、政治的に「厄介な」個人を抹殺する手段とされてきた[10]。この中、②誤判の危険、③弱者に対する差別的捜査・起訴・裁判・刑罰の発動、④政治的弾圧のための死刑の利用の各問題は、刑事司法制度の在り方と運用の問題である。死刑が歴史上、国によって、上述のような使われ方をしたことは事実である。しかし、これらの問題を解決するためには刑事司法制度の在り方と運用を改革するのが正しい対処の仕方である。死刑を廃止したからといって死刑廃止によって直ちに違法・不当な刑事司法の運用が正される訳でもないし、死刑以外の刑罰は違法・不当な刑事司法の運用に任せておいてよいということも許されない。他方、違法・不当な刑事司法の運用は永久に改革できるものではないとの絶望感に陥ることも正しくない。国によってその進度は違うが、誤判の危険性を減らす手続的な方策は充実してきているし、差別的な捜査・訴追・裁判を監視・是正する制度も創設されてきている。政敵を弾圧するために死刑を利用するような政治体制は国民が選挙等の方法によって変革

しなければならない。また、違法・不当な刑事司法制度や運用は改正されなければならない。弾圧、抑圧の刑罰は正義に反するが、正義に適った刑罰が否定される理由はない[11]。なお、誤判と死刑の問題はさらに後述する。

2 死刑は「生きる権利」を侵害する、残虐かつ非人道的な刑罰か

さて、死刑は「生きる権利」を侵害する、残虐で非人道的な刑罰であるから廃止されるべきとの主張は説得力があるだろうか。この主張においては、例えば、殺人犯人に「生きる権利」があることが自明のこととして前提されている。すべての人間に生きる権利があることは当然である。しかし、他人を殺害した者に「生きる権利」が当然にあるかは自明ではない。人間は生まれながらにして様々の権利を有しているが、同様に生まれながらの諸権利を有している他人の権利を侵害した場合は、侵害者から一定の権利が奪われることは一般に承認されている。契約違反や不法行為を行って他人の財産権を侵害すれば、自分の財産権を奪われることとなっている。また、犯罪を侵せば、その犯罪の種類や程度によって、犯罪に見合った刑罰が科せられ、その結果、犯人の自由権や財産権が奪われることになる。何故、「生きる権利」だけは何をしても奪われることがないのか。論証もなく自明のこととして、どんな凶悪な犯罪を行っても、何人殺害しても、その犯人には「生きる権利」を認めるというのは、論者の希望の表明、独自の見解ではあっても、すべての人に受け入れられる真理ではあり得ない。例えば社会契約論の立場から、死刑廃止論に対する次の反論は分かりやすく、説得力があり、事柄の本質を正当に指摘しているものと思われる。すなわち、「他人からの不侵害の約束を得られるには、先ず自己の側から凡ての他人の生命や自由・幸福を尊重し侵害しない旨の約束と、この約束の遵守を有

効に担保する方法とを提供せねばならない」との前提に立つと、死刑廃止論者は、「私はあなたを殺さないことを一応約束する、しかし、この約束に違反して恣意的にあなたを殺すことがあっても、あなた達は私を殺さないことを約束せよ」と要求するものであり、その要求を認める立法は、「違法の殺人犯人の生命は、彼の犠牲となった適法な人間の生命よりも、より厚く保護せられ、より価値高く評価されることを予め法定することになる」[12]。他人の生きる権利を侵害しても自分（殺人犯）の生きる権利だけは保障されるべきとの理屈はあまりにも身勝手で理不尽かつ不平等である。廃止論はこの身勝手で理不尽かつ不平等な理屈を認めることになるのである[13]。この理屈によれば、権力者が政権の政治に反対する民衆を多数殺害してもその権力者の「生きる権利」は奪うことができないので、死刑にはできず、また、ある集団が特定の人種の人々を嫌いだという理由で多数の人々を殺害しても同様の根拠で死刑にはならない。組織的犯罪集団が、犯人をあたかも将棋の駒として使い、組織的に大量殺人を計画し実行し、それを繰り返したような場合、被害者の生命は多く失われるのに対して犯罪集団員の生命は一人たりとも奪われないこととなり、そのような結果を是認する国家は国民からの信頼を失わざるを得ないであろう。生命は人間の尊厳の中核的な価値である。刑罰の基準にある正義は、侵害された人間の尊厳の価値の再確認と可能な限りの原状回復を要請するとも表現される。人間の尊厳の最も中核にある生命を奪われた場合、その価値の再確認・原状回復は損害賠償や自由剝奪等の制裁によって補塡できるような価値ではない[14]。「社会における、個人の自己表現の中核である生命への尊厳を再確認する『儀式』として『死刑』という極刑が正当化される」[15]のである。

　他人の生命を奪うことは絶対に許されることではない。絶対に許

されないことをした場合には自分の死によってしか（でも）その罪は償われないのだということ、つまり、凶悪な犯罪には極刑が科されるという規範を形成し、その規範を内面化するために死刑制度が存在する意義があると言えるであろう。

3 死刑は「国家による殺人」ではない

死刑廃止論者の中には、死刑は国家による殺人だから許されないとの考え方がある。この言い方は死刑廃止の運動論としては意味(効果)があるかもしれないが、法的正当化根拠としては適切ではない。死刑は人の生命を奪うという点で外形的には殺人との共通性があるが、法的正当化根拠として重要なのは物理的、外形的な共通性ではなく、社会的、法的な意味で決定的な違いがあることである。殺人は正当な理由なく他人の生命を奪うもので殺人罪と評価される。死刑は殺人罪等に対する正当な刑罰という形で法律に定められているものである。仮に、物理的、外形的な共通性で考えると懲役刑という自由剝奪刑は国家による「誘拐」「逮捕・監禁」で、罰金は、国家による「強盗」とも言えそうであるが誰もそうは言わない。同様に死刑についても国家による「殺人」と言うのは正しくないと思う。つまり、殺人とか強盗は違法な犯罪であるのに対して、死刑や懲役刑は違法な行為に対して科される正当な刑罰である点で決定的に違うのである[16]。従って、死刑を国家による「殺人」だから廃止すべきであるとする主張は法的正当化根拠としては成り立たないのである。

IV 罪刑の均衡について

非行と制裁が釣り合うべきことは民事・刑事を問わず一般に認め

られている。刑事においては犯罪と刑罰が均衡すること（proportionality principle　均衡原則）は刑罰理論の最も基本的な原則である。立法においても、学説や刑事裁判実務においても罪刑の均衡は慎重に考慮されている。

現在の日本の刑罰の本質に関する支配的な見解によれば、刑罰の本質は、犯罪に対する非難として加える苦痛であるとする応報刑を基本としつつ、応報刑の合理的な枠内で目的刑の要請（犯人の教育・改善や再犯の防止）を考慮するというのである[17]。この見解によれば罪刑の均衡原則は本質的な要請である。

量刑理論においても多数説・裁判実務は犯罪の重さに見合った刑（応報刑、責任刑）を基本として、一定の幅の中で特別予防と一般予防の必要を考慮して調整・決定するという考え方に立っている[18]。この見解も罪刑の均衡原則を基礎にしている。ところが、死刑廃止論は非行と制裁、犯罪と刑罰の本質である罪刑均衡原則と調和しないのである。死刑廃止論によれば、犯人が被害者を殺害しても、また、何人、何十人殺害しても死刑にしてはならないと言う。どんなに凶悪な犯罪を犯しても（青天井となっても）、犯人に対する刑罰は終身刑または無期懲役刑（国によっては重い有期拘禁刑）止まりとなり、犯罪と刑罰のスケールが不均衡となるのである。一般に、犯罪に見合う刑罰とは何かについては立法においても裁判実務においても厳密かつ慎重に議論して決定されているのに、死刑廃止論に立つと無期懲役を超える犯罪が対象になるとその議論・検討は中止を余儀なくされ、思考停止状態に追い込まれるのである。死刑が科される犯罪に比べるとそれより軽い犯罪の中では、ある犯罪に見合う刑罰は何かが真剣に検討され選択されるのに、それよりはるかに重い犯罪、従ってその犯罪にはいかなる刑罰が相応して（見合って）いるのかをより真剣に判断されなければならない筈であるのにそれが

許されないのである。刑罰理論、量刑理論の中心である罪刑均衡原則を放棄する死刑廃止論は刑事法の理論としては破綻しているとしか思えない。要するに、死刑廃止論は立法論であり、本質は政策論である。あるいは、道徳観・価値観の表明と言ってよいかもしれない。同時に、明確に、運動論としても強力に推進されている。因みに、政策論であれば、国民世論の動向はより重視されなければならない。

　さて、罪刑の均衡と言っても時代と国によって同一の基準ではあり得ないことも認めざるを得ない。社会が許容する死刑選択の基準は永久に不変と言う訳ではなく（evolving standard of decency）、長いスパンで大きく見れば、時代が下るに従って死刑か無期刑かの判断の基準は厳格化してきていると言ってよい。現代の死刑選択の基準は刑事裁判実務の中で、多数の事案の判断の積み重ねを通して形成されてきており、安定したものとなっていると言えよう。この点に関連して、死刑の適用が恣意的になされてはならないことも重要である。わが国では、死刑適用の可能性のある重大事件においては、特に事実認定・量刑を含む手続全般にわたって恣意性の排除への努力が最大限なされていると言ってよい。

　日本では死刑対象犯罪は19種類で、実際に死刑が適用されるのは殺人または強盗致死等数種類である。また、死刑は絶対刑ではなく裁量刑であり、法律上の減刑・酌量減軽があり、事案の個別の事情を全く斟酌しないで死刑を量刑することはあり得ない[19]。実際には、事案が特に悪質で、酌むべき事情を最大限考慮しても死刑しかあり得ないという場合にしか裁判所は死刑判決を下していない[20]。

V　誤判の問題

　誤判の可能性を理由に死刑廃止を主張する見解はなお少なくない[21]。しかし、誤判の問題と死刑の問題は次元が異なる[22]。刑事裁判には誤判の可能性があるから裁判の結果科せられる刑罰をすべて廃止すべきとは誰も主張しない。同様に、誤判の可能性があるから死刑を廃止すべきということにもならない[23]。誤判は死刑事件に限らず、すべての刑事裁判においてあってはならない。そこで、刑事裁判では誤判の可能性を避ける様々な手続的方策が用意されなければならず、特に死刑事件の場合は極刑であるが故に他の事件よりも慎重な手続を必要的とすべきである。捜査段階からの国選を含めた弁護体制の充実、証拠開示の拡充、科学的捜査の充実と証拠の保管の適正化の徹底、科学的証拠等のより慎重な証明力評価方法・態勢の確立、慎重な上訴審での審査等々誤判を避ける工夫は引き続き追求されるべきである。事実上、死刑事件の事実認定と量刑は最も慎重になされていると言ってよいであろう。なお、死刑判決の確定後も、確定者から再審請求があり審理されている間は事実上死刑の執行は行われない。また、裁判が確定した後に事件を担当した検察官とは別の検察官がもう一度事件を徹底的に洗い直す作業をして、確定判決に再審や非常上告の理由がないと判断し報告書を作成し、この報告書を一定の手続を経て法務大臣へ回されるのである。このような慎重な手続が誤った死刑執行を回避する上で重要な役割を果たしている[24]。

　付言すると、誤判の可能性を死刑廃止の理由とする見解（他の理由を廃止の根拠としない場合）では、例えば現行犯で犯人性が明らかで、本人も事実を認めているような、およそ誤判の可能性が考えら

れない事案の場合は死刑廃止の理由は成り立たないと思われるのに、この場合でも死刑廃止を主張し続けるのは不思議としか思えない。

VI 死刑と世論

死刑制度に関する内閣府の世論調査によれば、死刑存続に賛成する考えが一貫して多数で、直近の平成21（2009）年12月の調査によれば85.6％となっている。廃止論者は、政治家は世論に反してでも正しい政策、死刑廃止を実現しなければならないと言う。これに対して、存置論者は、何を正義とするかは国民の価値選択ひいては法的確信にかかっている、その意味で、国民の意思を確認することは政治的価値決定を行う上では欠かせない作業で、世論は重視すべきとの考え方に立っている。私も、死刑存廃問題は国民にとって最も基本的かつ重要な事柄であるので、国民の意識が強く反映されなければならず、その意味で世論調査の結果は尊重されるべきと考える。法制度はそれが国民の支持を受けるものでなければ本当の意味での法制度ではなく永続するものではないとの見解は正しいと思われる。

VII おわりに

殺人も死刑もない平和な社会になれば良いと私は願っている。しかし、現実は理想とは全く異なる事態となっている部分がある。金銭的利益追求のためとか特定の思想・教義を実現するために他人の生命を奪う組織犯罪やテロ犯罪に死刑廃止論者はいかに対応するのか。民主主義や基本的人権なかでも人命尊重という考えを否定する者にいかに対処したらよいのだろうか。hate crime（憎悪犯罪）とい

う他民族、他宗教、同性愛者などへの憎しみや差別意識に基づいて犯罪特に殺人罪を犯した者(被害者が多数に及ぶ場合も現実に存在する)にはいかに対応するのか。例えば、自己の政治的信条のために77人の生命を奪った犯人に禁錮21年の刑を科すことによって寛容な社会を守ったと本当に国民は思っているだろうか。国民は安全・安心に暮らせる権利を保障されていると実感できるだろうか。問題提起をして締めくくりたい。

---

1) このことは日本国憲法施行後60余年の日本の人権状況を顧みることが一つの例証になっていると思われる。戦時においては自分の命を守ること、毎日の生活の糧を得ることが生活の中心となる。また、犯罪の多発する国や地域においては各自や家族の生命・身体・財産を守ることに精力や一定の金銭をかけなければならず、また、犯罪多発地域には近寄れない等、行動の自由も制限されることになる。日本国憲法の下で治安が回復され経済活動も活発になり、安全・安心かつ経済的に余裕ができた社会の中で様々な基本権や自由が享受できるようになったことは再確認されるべきである。
2) 法務省「死刑の在り方についての勉強会」取りまとめ報告書(平成24年3月。以下、法務省・取りまとめ報告書、という)18-21頁参照。
3) 同前48-65頁参照。また、アムネスティ・レポート『世界の人権2011』(2011年11月)参照。
4) 法務省・取りまとめ報告書72-81頁参照。
5) 同前60頁参照。
6) 例えば、シュトレング教授はドイツにおける死刑廃止が「第三帝国」における殺人や国家反逆罪のみならず、軽罪についても死刑が多用されたこと、また、他民族に対する理由のない偏見に基づいて死刑が執行されたことの帰結として実現したことを率直に述べている。フランツ・シュトレング(小名木明宏翻訳)「死刑制度—ドイツの視点からの考察」本書第5章を参照。
7) 例えば、韓国においては、全斗煥、盧泰愚、金泳三、金大中の各大統領経験者は大統領退任後に在任中の罪を問われ、死刑判決を受けている(朴正熙氏は大統領に就任する前に死刑判決を受けたことがある)。なお、ヨーロッパの国々は、ヨーロッパ人権条約第6議定書によって、通常犯罪について死刑を廃止している。ヨーロッパの国々は、人権重視の観点から、わが国を含む存置国に対して、死刑廃止を強く働きかけている。日本に対して、日本は民

主主義、基本権の尊重、法の支配、などの共通の価値を共有しているだけでなく、治安が良好なのであるから、死刑廃止に踏み切らない理由はないとの主張もされる。日本も人権重視の文化国家であるヨーロッパにならって死刑廃止すべきだと言うのである。このような要請や運動を文化帝国主義と批判する向きもある。近年は文化的な観点からだけではなく、ヨーロッパ諸国は死刑廃止をEUの加盟条件としている。政治的、経済的要因によって存置国に強力な働きかけを展開している。その結果、トルコは死刑を廃止してEUに加盟した（2002年）。このようなやり方が妥当かどうかには批判もある。なお、先進国の中で死刑を存置しているのはアメリカと日本だけであると言われる。アメリカは州によって死刑を廃止している一方、深刻な犯罪問題を抱えているため、国全体として死刑廃止を実現するには高いハードルがある。そこで、死刑廃止国の数の増加が鈍化している状況の中で、死刑廃止が世界的潮流であることを強調し、その流れを推進するためにも、日本が死刑廃止（その前段階として執行の停止）に踏み切ることを廃止論者は熱望している。日本に対する死刑廃止への働きかけが強まっている理由がここにもある。

8) ドイツでも保守的なバイエルン州とヘッセン州では憲法によって死刑は存置されているし（連邦法は州法を破るため効力はないが）、イギリス、フランス、チェコ、ポーランド等において、特に凶悪な殺人事件が発生するときは顕著に、死刑復活を求める声も根強く存在するのである。

9) 読売新聞社会部『死刑』（中央公論新社、2009年）242-247頁参照。

10) 法務省・取りまとめ報告書56頁［若林秀樹等］参照。

11) 渥美東洋「わが国の死刑制度を考える」法律のひろば43巻8号26-27頁参照。

12) 竹田直平「立法における死刑―立法上の死刑は廃止すべきではない」甲南法学1巻1号（昭和35年12月）39-40頁、58-66頁等参照。

13) 廃止論のこの帰結は、廃止論が犯罪終了後の裁判の時点において、将来殺人犯をいかにすべきかを功利的に考えることを中心とする立場に由来しているのではないか。殺人犯の生命を奪っても被害者は救済されないとか、殺すよりも生かせて罪を殺人犯の一生をかけて償わせた方がよい等の主張がなされる。実は、この種の主張ほど被害者遺族を侮辱し、悲しませたり憤激させるものはないのである。藤井誠二『殺された側の論理　犯罪被害者遺族が望む「罰」と「権利」』（講談社、2007年）を参照。刑罰は犯人にとって、また、社会にとって効用があるか否かを中心に考えるものではない。この功利主義的な考え方は、被害者の失われた生命の尊厳を再び侵害するものであり、遺族の感情を逆撫でするものである。刑罰は本質的に、犯罪の重さに見合った刑（責任の程度に相応した刑）を犯人に加えるものである。犯人にとって効用があるか否かは周辺の一事情として考慮されるものである。功利主義的な

死刑廃止論はこの周辺の事情を刑罰の最も中心的な根拠にすり替えるようなものである。
14) 渥美東洋「日本の現行の死刑制度は廃止されるべきか」刑法雑誌 35 巻 1 号 109 頁などを参照。
15) 渥美・同前。
16) Ernest van den Haag, The Ultimate Punishment: A Defense, 99 Harv. L. Rev. 1662, 1667（1986）.
17) 例えば、井田良「量刑をめぐる理論と実務」司法研修所論集 2004–Ⅱ（第 113 号）213 頁以下等参照。
18) 井田・同前 216 頁以下、原田國男『量刑判断の実際［第 3 版］』（立花書房、2008 年）など参照。
19) 財産犯罪、贈収賄罪、薬物の所持・使用罪、姦通罪等を死刑対象犯罪にしたり、死刑を絶対刑（必要刑）にしたりすることは、法文化の違いにもよるが、日本においては、罪刑均衡原則およびその精神から許されないと考える。
20) 死刑か無期懲役かの選択は裁判所において（検察官の求刑も同様である）慎重になされている。最近の最高裁判例の分析として、前田雅英「死刑と無期刑との限界」原田國男判事退職記念論文集『新しい時代の刑事裁判』（判例タイムズ社、2010 年）469 頁以下、井田良・大島隆明・園原敏彦・辛島明『裁判員裁判における量刑評議の在り方について』司法研究報告書第 63 輯第 3 号などを参照。
21) 代表的著作として、団藤重光『死刑廃止論［第 6 版］』（有斐閣、2000 年）159 頁以下、395 頁以下など参照。
22) 植松正「死刑廃止論の感傷を嫌う」法律のひろば 43 巻 8 号 13 頁。
23) 加藤尚武『応用倫理学のすすめ』（丸善ライブラリ、平成 6 年）113–115 頁、古浜逸郎『何故人を殺してはいけないか』（洋泉社、2000 年）198 頁などを参照。
24) 渥美・前掲（注 11））24 頁以下などを参照。

第 4 章

わが国の
死刑適用基準について

原 田 國 男

Ⅰ　はじめに

　私は、これまで多数の死刑事件にかかわってきた。法務省内の死刑執行起案も担当した[1]。私がかかわった死刑囚の死刑が執行されたと後日報道で知ると、心からその冥福を祈る。被害者遺族の方々からすれば、被害者の冥福こそ祈るべきで、死刑囚の冥福を祈るなどけしからんと思われるであろう。死刑の言渡しは、正当な刑罰の適用であって国家による殺人などではないということはよく分かるが、やはり、心情としては、殺人そのものである。法律上許されるとはいっても、殺害行為に違いはない。このような経験に基づき、学者の方々とはひと味違う報告をしてみたいと思う。まずは、わが国実務の一般的な傾向ないし考え方を述べた上、自分の死刑に対する考え方の一端をお話ししたいと思う。

Ⅱ　わが国の一般的な量刑判断基準

　わが国では、一般的な量刑判断基準として、犯情により量刑の大枠が決められ、その大枠の中で一般情状を考慮して最終の量刑を決定するというプロセスが採られている[2]。このような量刑基準は、わが国の刑事裁判で長く採用されてきたものであるが、裁判員裁判においても、評議の冒頭で裁判長がこのような説明をするのが一般的になっている。ドイツにおける判例・通説である責任の幅の理論に近似するが、同じものではない。犯情という概念は、犯行の手段・方法、結果の程度・態様、共犯関係等の犯罪事実自体に関するものをいう。その中には、ドイツの判例で、一般予防要素として考慮できるとされる模倣性を[3]、わが国では、一貫して犯情として刑

を加重する要素として考慮している。また、一般情状は、一般予防・特別予防を中心とするが、この目的からは説明しがたい要素も含まれる。たとえば、示談、捜査協力、被害者やその遺族の処罰感情、違法捜査により受けた被告人の苦痛、時の経過等である。刑事政策的要素ともいわれる。その意味で、責任にも予防にも純化できない要素を含んでいる。この点にかなりの学説の批判も集中している[4]。

III　わが国の死刑適用基準──永山事件基準

わが国の死刑適用基準としては、永山事件基準と呼ばれるものがある。永山則夫という被告人が昭和43年（1968年）の1か月足らずの間に2名のタクシー運転手（強盗殺人）と2名の警備員（殺人）の合計4名を東京、京都、名古屋、函館の各地で拳銃により射殺したというわが国の犯罪史上でも特異で著名な事件である。連続射殺魔事件ともよばれる。現在では、このネーミングについて否定的な見解が強いようである。この事件は、少年犯罪の特性、精神的未熟性、生育環境の不遇、福祉政策の貧困、他の兄弟との比較、獄中結婚、法廷闘争、著作活動、被害弁償等の多岐にわたり、量刑上の重要な論点を含むものである。永山被告人に対して平成9年に死刑が執行された。

この第1次上告審判決（以下、「永山判決」という。）において判示されたのが永山事件基準である（最判昭和58年7月8日刑集37巻6号609頁）。すなわち、「死刑制度を存置する現行法制の下では、犯行の罪質、動機、態様ことに殺害の手段方法の執拗性・残虐性、結果の重大性ことに殺害された被害者の数、遺族の被害感情、社会的影響、犯人の年齢、前科、犯行後の情状等各般の情状を併せて考察し

たとき、その罪責が誠に重大であって、罪刑の均衡の見地からも一般予防の見地からも極刑がやむをえないと認められる場合には、死刑の選択も許されるものといわなければならない。」。

この永山事件基準は、その後の死刑判決においてほぼ例外なく適用されており、裁判員裁判における死刑判決においてもほぼ踏襲されている。「ほぼ」と断っているのは、この基準自体には言及していない例があるからである[5]。

この基準は、判示の諸事情を総合考慮する方式を採っており、その結果、やむをえないと認められる場合に限って死刑が選択できるとするものである。

Ⅳ 永山事件基準における量刑事情

1 犯行の罪質・動機

犯罪の罪質・動機は、犯情の中心的な量刑事情であり、いわゆる社会的類型[6]の骨格をなす。強盗殺人（銀行強盗、タクシー強盗等）、保険金目的殺人、身代金目的殺人等の類型は、罪質と動機により分類される。永山判決では、「犯行の罪質、結果、社会的影響は極めて重大である。犯行を重ねた動機も、あるいは先の犯行の発覚を恐れ、あるいは金品強取を企てたためであって、極めて安易に犯行に出ており、特に京都事件の犯行後は自首を勧める実兄の言葉に耳をかさず、函館に渡って更に重大な犯行を実行するに至ったもので、同情すべき点がない。」としている。

2 態様ことに殺害の手段方法の執拗性・残虐性

この要素も、犯情の一部をなす。永山判決では、「殺害の手段方法についていえば、兇器として米軍基地から窃取して来たけん銃を

使用し、被害者の頭部、顔面等を至近距離から数回にわたって狙撃しており、極めて残虐というほかなく、特に名古屋事件の被害者 A に対しては、「待って、待って」と命乞いするのをきき入れず殺害したもので執拗かつ冷酷極まりない。」としている。もっとも、残虐性については、現場における激しい興奮から残虐な行動に及ぶことがままあるので、これを過大視するのは相当でないと考えられている[7]。裁判員裁判では、検察官が残虐性を強調する趣旨からか遺体のカラー写真を証拠として提出することがあるが、裁判員の精神的負担を軽減するため、白黒写真を使うなどの配慮をすべきであると最高裁刑事局が各地裁に通知したとのことである。

なお、永山事件基準では、明示されていないが、犯行の計画性と主導性は、あえていえば、態様に含まれるであろう。殺害の点について計画性がないことは、後記の光市母子殺害事件第 1 次上告審判決では、死刑回避の理由とならないとした。もっとも、後述するように、被害者 1 名の強盗殺人では、当初から被害者を殺害することを計画・決意していなかった場合には、死刑が選択された事例はないとされる。計画性は、死刑選択の決定的理由にはならないが、それなりの重要性を持った考慮要素であろう。主導性については、共犯間の罪責の均衡を考える上で大きな要素である。最判平成 8 年 9 月 20 日（刑集 50 巻 8 号 571 頁）は、被告人は、首謀者に引きずられたものとして、原判決を破棄して無期懲役にしている。

3 結果の重大性ことに殺害された被害者の数

同基準が「結果の重大性ことに殺害された被害者の数」と判示して、被害者の数を重視している姿勢を示していることから、死亡被害者が 1 名の場合には、死刑を選択すべきでないという主張が弁護人からしばしば出される。最高裁は、その後の複数の判決を通して、

死亡被害者1名の場合でも死刑を認めている[8]。実際に、わが国では、永山事件以前からも、無期懲役の仮釈放中の殺人、保険金目的殺人、身代金目的殺人等においては、死亡被害者1名であっても死刑としてきた。最近公表された司法研究（これには、井田良教授も協力研究員として参加されている。）によれば、調査対象事件346件のうち、死亡被害者1名の殺人事件が48件あり、うち18人（38パーセント）について死刑が宣告されている[9]。もっとも、死亡被害者が多数になればなるほど、死刑になる割合が増えるのは当然であろう。同司法研究によれば、死亡被害者3名以上の強盗殺人事件は、調査対象事件のうち、21件あり、すべて死刑が宣告されている[10]。なお、ドイツでは、多数の死者が被害者であるような場合、何故、被害者が1名である場合に比べて刑を重くすることが可能かという点をめぐって、生命法益について、差別的な量刑評価・比較衡量を不可能とする見解があるが[11]、実務判例ではこれを肯定しているようである。ただ、謀殺罪には絶対的法定刑として無期刑のみが規定されていることなどから、わが国のように、死刑か無期かという刑種選択の場面がなく、謀殺罪では被害者の数は問題になりにくい面がある[12]。

4　遺族の被害感情

遺族の被害感情は、永山事件基準では、考慮すべき事情として掲げられている。「遺族らの被害感情の深刻さもとりわけ深いものがあり、右Aの両親は、被告人からの被害弁償を受け取らないのが息子に対するせめてもの供養であると述べてその悲痛な心情を吐露し、また、東京事件の被害者Bの母も被告人からの被害弁償を固く拒み、どのような理由があってもなお被告人を許す気持はないとまで述べており、遺族らの心情は痛ましいの一語に尽きる。」とし

て深い同情を示している。この量刑要素については、わが国では、被害者が受けた精神的な被害そのものと犯人に対する処罰感情とに二分して考えるのが一般的になっている[13]。この要素を考慮すべきか否かについて、学説では、争いがある。およそ、考慮すべきでない、考慮できるとしても、恐喝のように犯罪自体にその要素が含まれている場合に限る、前者については、考慮できるが、後者については、考慮できない、両者について考慮できるが、その程度に差がある等々であり、学者一人一説の状態である[14]。私は、最後の立場で、考慮できるが、限度があるという考え方である。死刑が問題となる被害者遺族の被害感情については、同じことを行っても、遺族がいる場合といない場合で、死刑か無期かが分かれるのは、不公平でないかという疑問も指摘されている。

　これまでの死刑判決では、両者あわせた意味での遺族の被害感情を死刑選択の一要素とするのがほぼ例外のない扱いである。遺族の被害感情に言及しないで死刑に処した例はほとんど見当たらない。死刑に限らず、わが国の量刑実務では、この要素を重視する傾向がある。ことに、裁判員裁判では、性的犯罪について、その傾向が顕著になっている。裁判員裁判の死刑事件でも同様である。判決文のなかで、これまでの裁判官裁判では、この要素を軽視していたのではないかと指摘している例もある。一般国民である裁判員の目線が十分感じられる。裁判官も、被害感情をことさら軽視していた訳ではない。しかし、2000年の犯罪被害者保護立法以前は、やはり、被害者を蚊帳の外においていたといわざるをえない。例えば、横断歩道上のトラックによる歩行者死亡事件でも、執行猶予が相場であった。今日では、まず実刑である。このように、私のみるところ、2000年を契機に21世紀に入り、被害者保護が刑事事件でも顕著になってきたといえる。

5 社会的影響

永山判決では、社会的影響を第5番目の考慮要素にあげ、「全国的にも「連続射殺魔」事件として大きな社会不安を招いた事件であって、犯行の罪質、結果、社会的影響は極めて重大である。」としている。永山事件が当時社会に与えた影響の大きさを反映した判示ということができるが、現在では、行為態様の悪質性、結果の重大性、動機の悪質性等に還元して考慮すべきであり、別個独立の量刑事情ではないという理解が一般的になっている[15]。

6 犯人の年齢

永山事件においては、永山被告人が強盗殺人・殺人の犯行時19歳3月ないし4月余りであって、この点も問題となった。わが国の少年法は、20歳未満の者について少年として、特別の刑事手続法を定めている。そして、犯行時18歳未満の少年については、死刑は科さないとしている（51条1項）。この趣旨からすれば、永山被告人についても、死刑を回避すべきであると強く弁護人から主張された。同基準では、「犯人の年齢」を一考慮事情としてあげているが、同判決では、被告人の生育歴等に同情を示しつつも、その主張を採用しなかった。

これに対して、光市母子殺害事件（犯行当時18歳30日の少年であった被告人が、白昼、配水管の検査を装って上がり込んだアパートの一室で当時23歳の主婦を強姦しようとして、激しく抵抗され、同女を殺害した上で姦淫し、あわせて当時生後11か月の被害者の長女を殺害した。）において、その第1次上告審判決（最判平成18年6月20日判例タイムズ1213号89頁）では、「被告人が犯行時18歳になって間もない少年であったことは、死刑を選択するかどうかの判断に当たって相応の考慮を払うべき事情ではあるが、死刑を回避すべき決定的な事情であるとまで

はいえず、本件犯行の罪質、動機、態様、結果の重大性及び遺族の被害感情等と対比・総合して判断する上で考慮すべき一事情にとどまるというべきである。」と判示し、この問題についての見解を明らかにした。そして、裁判員裁判においても、犯行時少年の事件で死刑を宣告している（仙台地判平成22年11月25日[16]）。なお、これに関連して、精神的成熟度が18歳未満の少年と同視しうる場合は、少年法51条の精神を及ぼして死刑を回避することできるかという論点がある。この点については、永山事件の第1次控訴審判決（いわゆる船田判決）は、同視しうるとして死刑回避の一事情としたが、上記永山判決は、証拠上明らかではない事実を前提とするものであるとして、その判断を首肯し難いとした。上記光市母子殺害事件の第2次上告審判決（最判平成24年2月20日判例タイムズ1383号167頁）では、宮川光治裁判官は、精神的成熟度が少なくとも18歳を相当程度下回っていることが証拠上認められるような場合は、死刑判断を回避するに足りる特に酌量すべき事情が存在するとみるのが相当であり、この点で審理を尽くすべきであるとして破棄差戻しの反対意見を述べている。これに対して、金築誠志裁判官は、精神的成熟度は、一般情状に属する要素であって、これ自体を死刑回避事由とすることに反対する旨の補足意見を述べている。この問題は、正確には、判例上今後に残されているといえよう。

7 前 科

永山被告人には、前科はなかったから、この点は、死刑適用の一般的な考慮要素として判示されたものであろう。なお、特別予防の点は、永山事件基準では触れられていない。これは、特別予防の観点から死刑を選択するということは背理であるからであって、逆に、特別予防、すなわち、更生可能性を考慮して死刑を回避することは

許されると解されている。

　前科に関連して、無期懲役の仮釈放中の同種再犯（強盗殺人）については、死刑とするのが最高裁判例であるが（最判平成11年12月10日刑集53巻9号1160頁）、これを行為責任の観点からどう説明するのかは結構難しい。同種再犯については、行為責任として無期相当であるとすれば、それを死刑にするには、ドイツにおけるいわゆる警告理論（行為者が有罪宣告によって警告されたにもかかわらず、それを無視して新たな犯罪行為を実行する場合、行為責任の加重とそれに伴う処罰の加重をもたらすという考え方[17]）により犯情に含まれるという説明が考えられる。しかし、それだけでは無期を死刑とする理由としては不十分だとして、再犯が法益の価値を軽視・否定し、明白な形で規範を動揺させる点に加重の根拠を求める見解も示されている[18]。これは、行為の違法性自体が加重されるという考え方であろう。この場合や無期に準じるような相当長期の有期懲役刑の場合について死刑とする最高裁や下級審の各判例[19]は、端的に、手口の類似性等から、更生改善の余地がもはやないという点を重視しているともみることもできる。改善更生の可能性という一般情状により犯情としては無期相当な場合でもそれを上回り死刑とすることができるということであろう。しかし、この発想は、改善更生の可能性がないものは、社会の一員として生存する意義がないから死刑に処してもかまわないということにもつながり、死刑囚の人間性を全否定するものであって、疑問である[20]。裁判員裁判による死刑判決を破棄して無期懲役を自判した東京高判平成25年6月20日[21]も（以下、裁判長名から「村瀬判決Ⅰ」という。）、先例の量刑傾向に照らして、前科との間に顕著な類似性が認められるような場合には、改善更生の可能性がないから、死刑選択もできるということを前提しているようにも読める。もっとも、同判決は、類似性が認められないから、改

善更生の可能性のないことが明らかとはいい難いとして、死刑を回避しているので、結論として私見と同様な考え方とみることもできよう。また、一般予防（威嚇予防）の観点から、無期懲役の仮釈放中に同種再犯を犯した者は、死刑という威嚇によりそのような再犯を防止するという考え方もありうる。これによれば、一般予防による責任刑の上回りを許す例外的な場合という説明になるであろう。しかし、後述のように、このような説明は、おそらく妥当でないであろう。

8 犯行後の情状

永山判決では、犯行後の情状を考慮要素としてあげているが、その内容については、判示していない。ただ、船田判決が被告人に有利な情状としてあげる獄中結婚等に見られる心境の変化や損害の賠償等について、「被告人は、本件犯行の原因として責められるべきは被告人自身ではなく、被告人の親兄弟、社会、国家等の被告人の周囲の者であるとして、自己の責任を外的要因に転嫁する態度を公判廷でも獄中の手記でも一貫して維持しているが、被告人の右のような態度には問題があるし、被告人が結婚したことや被害弁償をしたことを過大に評価することも当を得ないものである。」と判示している[22]。

反省や損害賠償は、「犯行後の情状」に含まれる。反省は、わが国の量刑実務では、とくに重視されている[23]。ドイツの判例では、反省を含め犯行後の態度は、責任刑として構成することが困難なことから、法敵対性を推論する徴表的構成により考慮できるとしている[24]。裁判員裁判では、裁判員から、反省するのは当たり前であるから被告人に有利に考慮する必要はないという意見がしばしば表明されている。逆に、反省していない場合、あるいは、反省が十分で

ない場合には、被告人に不利益に考慮される。光市母子殺害事件の第1次上告審判決が、第1審の無期懲役を維持した控訴審判決をあえて破棄した決定的な理由は、遺族の被害感情であるという見方もあるが、実際には、被告人の反省の程度が不十分であったからともいわれている[25]。

損害賠償の位置づけについても多様な考え方が示されている[26]。実務的には、損害賠償をすれば、ある程度、被害者の救済につながるという見方（刑事政策的考慮）が強いと思われるが、実際には、賠償を受け取ることで刑が軽くなるのは許せないとして賠償を拒絶する被害者もあり、ジレンマがある。

9 性格・経歴・環境

この要素は、永山事件基準には判示されていない。同基準が参考としたという改正刑法草案48条2項において考慮すべき量刑事情として列挙されている。永山判決では、犯行時少年であったことと並んで、「その家庭環境が極めて不遇で生育歴に同情すべき点が多々あること」を指摘し、「被告人が幼少時から母の手一つで兄弟多数と共に赤貧洗うがごとき窮乏状態の下で育てられ、肉親の愛情に飢えながら成長したことは誠に同情すべきであって、このような環境的負因が被告人の精神の健全な成長を阻害した面があることは推認できないではない。」として同情を示している。このようにかなりの分量で判示しているのに、永山事件基準には明示していないのはいささか不思議な感じもする。ただ、「他の兄弟らが必ずしも被告人のような軌跡をたどることなく立派に成人していることを考え併せると、環境的負因を特に重視することには疑問がある」としていることからすると、この要素は、本来、それほど重視すべきではないという含みがあるのかもしれない。この要素は、犯罪事実そ

のものではないので、前科と同様に一般情状に分類されるのが普通であるが、責任非難の程度に影響する面と将来の改善更生の可能性に影響する面とがあり、前者は、犯情と同様に量刑の大枠決定に関連し、後者は、大枠内での特別予防考慮に関連する[27]。裁判員裁判では、生い立ちの不遇については、それでも立派に生きている人がいるとして、これを重視しない考え方が見受けられる[28]。

10 一般予防

永山事件基準は、「その罪責が誠に重大であって、罪刑の均衡の見地からも一般予防の見地からも極刑がやむをえないと認められる場合には、死刑の選択も許されるものといわなければならない。」としめくくっている。ここで最後に、一般予防がでてくるのであるが、現在では、一般予防、とくに消極的一般予防（威嚇予防）については、犯情評価により尽くされているという考え方が一般的になっている[29]。永山事件基準における一般予防に関連する量刑事情としては、社会的影響くらいしか考えられない。しかし、これも、構成要件外結果の範囲内で他の犯情に還元するのが普通であるから、一般予防要素とは考えにくい。

前述したように、無期懲役の仮釈放中の同種再犯について死刑とする判例法について、この観点から説明するのは、妥当であるまい。永山事件基準について、今日、被告人を死刑に処する威嚇により同種再犯を防ぐという発想はとりがたい。ただ、裁判員からは、このようないわばプリミティヴな考え方が披露されるかもしれない。学説上、当然でも、案外、裁判員に説明し、納得してもらうのは、難しいかもしれない。

11 一抹の不安

　事実認定に一抹の不安がある場合、死刑を回避することができるかという問題がある[30]。この一抹の不安は、もとより、犯情にも一般情状にも含まれない。この点について、団藤重光博士は、「死刑事件の場合について、事実認定に一抹の不安があるという理由で死刑を無期懲役にするという理屈は、現行法上では成立せず、小手先のやり方でお茶を濁すだけでは、死刑の存廃という根本問題を解決することはできない。」旨指摘する。まさに、正論である[31]。もっとも、裁判員のなかには、犯人かどうか一抹の不安があれば、安全策として、無期懲役にしたほうが、落着きがよいし、社会常識にも合っているという意見をいう者がいるかもしれない。しかし、そうなると、本当は無罪なのに、無期懲役でごまかすという危険も生じかねない。裁判官としては、あくまで事実認定と量刑とは区別して、まずはしっかりした事実認定をするように、裁判員を導くべきであろう。

12　余　罪

　死刑の選択に当たり、起訴された余罪を総合考慮すること自体は許される[32]。そこで、どの程度考慮できるかが問題となる。裁判員裁判による死刑判決を破棄して無期懲役を自判した東京高判平成25年10月8日[33]は（以下、「村瀬判決Ⅱ」という。）、余罪について、その重大悪質な犯情や行為の危険性をいかに重視したとしても、各事件の法定刑からして死刑の選択はありえないこと、殺意を伴うものはないことなどから、死刑を選択すべき特段の要素は見当たらないとした。この点が原判決との判断の違いをもたらしており、どのような具体的な基準が考えられるか、上告審の判断が待たれるところである。例えば、余罪だけで無期懲役が相当な場合などが考えら

れるだろう。

V　永山事件基準の実質化

永山事件基準は、死刑判決における確固たる基準として適用されてきたが、裁判員裁判の実施にともない、諸事情を総合考慮するというだけでは、裁判員には、判断の筋道がみえてこず、分かりにくいという意見もみられるようになった。そこで、永山事件基準の実質化が主張された。

一つの方向は、死刑選択の重大因子と補充的因子に分けて分析する手法である[34]。死刑事件の社会的類型と死亡被害者数とを関連させて分析した上記の司法研究も同様の試みである[35]。裁判員にとって分かりやすい判断資料を提供しようとするものである。また、実証的研究の成果による客観的・経験的データから各量刑因子の機能を検証していくことによって基準の客観化を主張する見解もある[36]。

もう一つの方向は、永山事件基準を読み直して、死刑をより制限的に適用しようとする試みである。私自身の提案である[37]。簡単にいえば、犯情により死刑を選択し、一般情状により死刑を回避するというものである。すなわち、(1)犯情のみにより死刑が選択できるか否かを判断し、一般情状は、死刑を回避する方向でのみ考慮すべきである。(2)犯情により死刑を選択できなければ、死刑適用の余地はない。犯情から死刑が選択できないのに一般情状である被害者遺族の被害感情が極めて強い、被告人の改善更生の可能性がない、反省していないという理由で死刑を選択すべきではない。(3)犯情により死刑が選択できても、一般情状により死刑を回避すべきときは、死刑の適用はない。より分かりやすくいえば、①犯情からして死刑しかない場合でも一般情状から無期を選択することは許される、②

犯情からすれば、死刑も無期もいずれも相当である場合に、一般情状から死刑を適用すべきではない、③犯情からして無期しかない場合に、一般情状から死刑を適用すべきではない、というのである。

若干補足すると、井田教授は、私見について、「「一般情状を根拠に死刑とすることはできないが、無期懲役に軽減することはできる」というテーゼを立てていらっしゃいます。もちろん、これは「処罰の根拠に関わらない一般情状に決定的な意味を与えてはならない」という、判断者に求められる基本的心構えを示すものとして理解できなくはない考え方です。しかしながら、「有利な一般情状の不在」と「被告人に不利な一般情状の存在」は同一ではないでしょうか。前者が死刑言渡しの前提となっているのであれば、後者を理由に死刑にするのと同じことにならないかという疑問が生じます。」とされる[38]。この批判は、そのとおりである。結局、私見は、死刑は犯情のみにより決定すべきで、被告人に有利な一般情状により死刑を回避することができるということであるから、死刑を科す場合は、犯情により死刑が選択でき、かつ、死刑を回避する方向の一般情状がないという意味で死刑を相当とする一般情状があることを要求する趣旨である。

私見は、裁判員裁判の死刑第1号事件（横浜地判平成22年11月16日）で採用されたが、その後の死刑判決では、明示的には採用されていない。この見解に対しては、消極的責任主義の立場（責任は上限を画するのみであり、特別予防の観点からこれを下回ることが許されるというもの）から賛意が示されている[39]。すなわち、上記(2)の点は、責任が刑罰の「上限」であること自体に関わり、(3)の点は、責任が「上限」にすぎない以上、それを下回る刑罰も許容されることに関するもので、量刑の基本原則である「消極的責任主義」に沿ったものであるというのである[40]。しかし、なお懐疑的にとらえる向きも

少なくないように思われる。そもそもこれは、永山事件基準の実質化ではなく、同基準の変更そのものであり、判例変更が必要ではないかという疑念も消えない。私としては、同基準の総合考慮の一つの方法を示すもので、判例には反しておらず、同判例のもとでも十分採用できると考えている。

こうしたなか、死刑についても、幅の理論を適用する新たな見解が示され、注目されている[41]。この見解は、私見が死刑・無期の選択について、幅の理論の適用を断念し、責任上限論を採用し、結局、二元的な構成を示したのに対して、幅の理論を適切に理解すれば、同様の結論に達しうるとしたもので、今後の展開が注目される。すなわち、ⅰ「責任の幅に死刑しか含まれない場合」、ⅱ「責任の幅の大部分は死刑に対応するが、下限は無期刑に及ぶ場合」、ⅲ「責任の幅の中心は死刑だが、下半分の大部分は無期刑に対応する場合」、ⅳ「責任の幅の中心は無期刑だが、上限付近は死刑に及ぶ場合」、ⅴ「責任の幅の上限が死刑に届かない場合」などを観念し、ⅰの場合には、「責任刑の例外的下回り」論を適用して、死刑回避を例外的に認め、ⅱからⅲに近づくにつれて、死刑回避のための一般情状に対する要求基準を緩和し、ⅳの場合には、幅の中心ないし出発点が無期刑であるのに死刑を選択するにはその具体的な合理性が問われるべきであるとし、再犯のおそれや遺族の被害感情による死刑適用を否定するのである。そして、ⅴの場合に死刑を選択しえないことには異論がないとする。私見に当てはめれば、①の場合も一般情状による死刑回避を認め、②の場合も幅の中心点である無期刑を超えること、すなわち、死刑の適用を否定し、③の場合には、当然、死刑は適用されないとするのである。この考え方は、幅の理論について、幅の中にあっても、一般情状から自由に刑を定めことが許される訳ではなく、上記のような制約があるとする新しい幅の

理論に依拠するものであって、十分説得力があると考える[42]。

　裁判員裁判では、上記①及び③の場合の死刑回避にはそれほど抵抗はないであろうが、②の場合は、かなりの異論があろう。この点が一般の国民感情からすれば、最も納得できない点であろう。犯情から死刑も無期もあるような微妙な場合こそ、被害者遺族の被害感情が極めて強い、被告人の改善更生の可能性がない、反省していないという理由で死刑を適用すべきではないかというのである。確かに、上記の最高裁判例等において、無期懲役の仮釈放中の再犯の場合には改善更生の余地がないことや光市母子殺害事件では被告人が十分反省していないことが死刑選択の実質的な理由となっているとみることもできる。しかし、私見では、前科は、犯情に組み込まれる限度で考慮することができるのであって、それを超えて改善更生の可能性がないことを理由に前科を除けば、無期相当の場合にこれを上回り死刑とすべきではないと主張するのである。以上の私見は、裁判員裁判における量刑判断の透明化と合理化をめざすものであるが、現在のところ十分な歯止めにはなっていない。

　また、犯情からのみ死刑を選択するといったからといって、歯止めになるかといえば、疑問の余地もある。裁判員的感覚からすれば、村瀬判決Ⅰ、Ⅱの事案でも、そもそも犯情からして「死刑相当」と考える人が多いであろう。小池信太郎准教授と共同で行っている量刑に関するテーマ研究のレポートで村瀬判決Ⅰの第1審判決を学生に論じさせたところ、多くの者が私見を採用しながら、犯情によっても死刑相当であり、死刑回避するに足りる一般情状もないと解答した。そこで、犯情により死刑を選択できるかについては、村瀬判決Ⅰ、Ⅱも強調するように、「過去の先例の集積」が重要であり[43]、それによれば、被害者1名の強盗殺人では、当初から被害者を殺害することを計画・決意していなかった場合には、死刑が選択された

事例はないのである[44]。したがって、村瀬判決Ⅰ、Ⅱでは、殺害について、計画も決意もなかったとして、犯情からすれば、無期懲役が相当であるとしたのである。このように犯情による死刑選択をいっただけでは、死刑抑制には、必ずしもつながらない。先例の集積すなわち量刑相場による規制が必要となるのである。

なお、私見では、犯情による死刑選択と一般情状による死刑回避とは、等価であるとした[45]。前者で死刑が選択されれば、後者について特段の酌むべき事情がない限り、死刑とするという判断方法は誤っているとしたのである。その後、上記の光市母子殺害事件の第1次上告審判決は、その事案において、「被告人の罪責は誠に重大であって、特に酌量すべき事情がない限り、死刑の選択をするほかない」と判示し、原則死刑、例外無期という判断枠組みを示した。この点について、私見は、犯情からすれば、死刑選択をすべきウェイトが大きいときには、相対的に特に酌量すべき事情がない限り死刑とせざるをえないとしたもので、無期懲役を維持した原判決を破棄して差し戻した先例（最判平成11年12月10日刑集53巻9号1160頁）を踏襲しただけで、新たな判断枠組みを提示するものではないとした[46]。しかし、ひるがえってみると、永山判決も原審の無期懲役を破棄して差し戻したものであるが、原則死刑、例外無期などとは言っていない。永山事件のほうが、はるかに責任刑としては死刑しかないという評価が可能な事案である。そうすると、この判示は、破棄するためとはいえ、妥当ではないのであって、総合評価の姿勢を崩すべきではなかったというべきである。第2次上告審判決では、総合判断の手法に戻っている[47]。そして、等価という以上は、やはり、特段の事情がなければ死刑という判断手法はとるべきではないと考える。死刑選択をすべきウェイトが大きいときには、相対的に一般情状により死刑を回避するウェイトも大きくなることは、等価

説の帰結であるといえるが、だからといって、特段の事情が必要となるわけではない。この点、やや曖昧な説明をしたので、ここで改めたい。学説においても、第1次上告審の判示を批判し、等価と解すべきだとする意見がある[48]。

VI 私の経験

　以上は、わが国の死刑適用の一般的な考え方を自説をまじえつつ述べたつもりである。そこで、今度は、私の経験からフォローしてみたいと思う。私の経験からすると、死刑判断は、まさにギリギリの判断である。最後まで、死刑を回避できないかを徹底的に検討する。その上で、どうしても死刑しかないという結論に達したときに死刑を宣告する。光市母子殺害事件の第1次上告審判決が原則死刑、例外無期としたのではないかという批判は、判文を見る限り、そのとおりであろう。しかし、実際に、刑事裁判官は、一定の客観的な事情があれば、原則死刑で、特別の事情があれば、無期とは考えていないと思う。総合してやむをえないといえなければ、死刑にしない。また、そういう意味でも、裁判官の死刑意見が全員一致でなければ、死刑にしないのが慣行だと思う[49]。次に、死刑判断については、被害者の数が第1である。次いで、犯行の動機、犯行の手段・方法等の犯罪自体の客観的な要素が重視される。そして、第3ランクとして、被害者遺族の被害感情、反省の程度等が考慮される。私は、これまで、犯罪の上記の客観的な要素からすれば、無期相当であるが、被害感情が強いから死刑にしたということはない。他の裁判官も同じだと思う。しかし、判決には、この要素も考慮したとは必ず書き、また、朗読する。法廷の目の前に遺族の方々がいるのだから、その気持ちを酌むことも必要である。しかし、決定的な要素

ではないと思う。それは、上記のように、遺族の被害感情が強ければ、死刑、そうでなければ、無期というのが公平であるとはどうしても思えないからである。

反省についても同様である。この期に及んで反省を口に出せないというのは、何か理由があるからである。この要素を重視しすぎると、裁判所に反抗的だから死刑、ふてくされているから死刑ということになりかねない。このように考えると、裁判官による死刑言渡しは、かなり抑制的ないし慎重であったと思う。この傾向が、裁判員裁判でどうなるのかが今後の一番の注目点であろう。

Ⅶ 裁判員裁判における死刑判決

裁判員裁判では、平成24年（2012年）5月末までに、18件の裁判員裁判事件において死刑求刑があり、うち、14件が死刑に、3件が無期懲役、1件が無罪になっている[50]。

死刑事件にかかわった多くの裁判員の方々は、インタビューでそれが非常に大変でつらい判断であったという。当然であろう。職業裁判官であっても同じである。法廷での被告人の首筋の血管が脈打っているのを目にして、これを絞めることになるのかと思う。これは、経験した者でなければ、分からない。理論や観念の世界ではない。まして、一般国民の方々は、初めて刑事事件にかかわり、しかも、初めて死刑事件に直面する。死刑言渡し後に、裁判長が控訴を勧めたことがマスコミ等で批判された。しかし、これは、裁判員の方から、そのようにいってくれといわれたからだという。裁判員としては、もう一度自分たちの死刑という判断を控訴審で再検討してほしいという切なる願いがあるのであろう。死刑判断の重みを考えると当然だと思う。また、死刑の評議での全員一致制度について

も、そうなると、自分が死刑に賛成したことが公になり堪えられないという死刑言渡し経験者の声もある。

　このようななかで、裁判員裁判での死刑がどうなるのか予測は難しい。増加するのか減少するのか、たいして変わらないのか。この時点では、もう少し様子を見てというべきであろう。

　ただ、裁判員として、死刑問題の深刻さを十分感じつつも、市民感情として、反省していない被告人を死刑とすることは当然と考えることであろう。また、遺族の被害感情を重視し死刑とすることにそうためらいはないであろう。他方、今までとはちがい、自分が死刑判断をするとなると、当然、それをためらう気持ちも起こるであろう。気後れするというのではなく、慎重が上にも、慎重でなければと思うはずである。私としては、裁判員裁判になって、死刑存置国であるわが国がさらに死刑の適用を拡大することになるのには賛成できない。死刑の適用基準がこれまでの裁判官裁判と同様に、裁判員裁判でも厳格に適用されることを期待している。

---

1) 死刑執行起案というのは、法務省刑事局において検事が割り当てられた死刑確定事件について、未提出記録を含めて全記録を検討し、確定判決に事実誤認がないか、再審事由はないか、恩赦事由はないかなどを検討し、その結果を報告書として作成・提出する手続である。この手続の存在自体、以前は、部外秘とされていたが、現在はオープンになっている。
2) 井田良・大島隆明・園原敏彦・辛島明『裁判員裁判における量刑評議の在り方について』（法曹会、2012年）6頁も、これを量刑の本質に即した基本的な考え方として支持している。
3) 葛原力三監訳・シェーファー等「量刑の実務(二)」関西大学法学論集61巻2号（2011年）150頁。
4) 例えば、城下裕二「裁判員裁判における量刑の動向と課題」犯罪と非行170号（2011年）78頁以下。
5) 例えば、長野地判平成23年3月25日。

6) 前注2)・司法研究18頁。
7) 前注2)・司法研究35頁。
8) 拙著『量刑判断の実際〔第3版〕』(立花書房、2008年) 318頁。
9) 前注2)・司法研究110頁
10) 前注2)・司法研究127頁。
11) 井田良「量刑事情の範囲とその帰責原理に関する基礎的考察(二)―西ドイツにおける諸学説の批判的検討を中心として―」法学研究55巻11号(1982年)53頁。緊急避難では、重要な論点である。
12) これに関連して、小池信太郎「ドイツにおける殺人処罰規定の改革をめぐる議論の動向―AE-Leben, GA2008, S.193ff. を中心に―」川端博ほか『理論刑法学の探究④』(成文堂、2011年) 233頁以下を参照されたい。
13) 大阪刑事実務研究会編著『量刑実務大系 第2巻 犯情等に関する諸問題』(判例タイムズ社、2011年) 127頁以下〔小池信太郎・コメント〕。
14) 議論の状況については、前注13)・96頁以下〔横田信之〕。
15) 前注2)・司法研究55頁。
16) 仙台地判平成22年11月25日LEX/DB文献番号25443083。
17) ドイツにおける警告理論については、中島広樹『累犯加重の研究』(信山社、2005年) 191頁以下。
18) 井田良「裁判員裁判と量刑」論究ジュリスト2号(2012年) 66頁。
19) 前注2)・司法研究113頁。
20) 拙著『裁判員裁判と量刑法』(成文堂、2011年) 145頁。
21) LEX/DB文献番号25501724。金品を強奪する目的で被害者方へ侵入し、室内で寝ていた被害者の首を包丁で突き刺して殺害した住居侵入・強盗殺人の事案。
22) 永山被告人は、函館事件と京都事件の遺族に被害弁償をその著作の印税から支払っている(東京事件と名古屋事件の遺族は受取を固く拒絶している。)。同被告人は、『無知の涙』に始まり、多数の著作をしているが、最初に本を書いた動機は、遺族、特に函館事件の遺族(同被告人は、当初から函館事件については被害者に幼い子供らがいたことから、特に悪かったと認めている。)に対して印税から少しでも被害弁償しようということにあった。なお、同被告人は、それまで接近して去っていった各種の支援者と称する多くの者に対して激しい憎悪の感情を示していたが、証人となった取調検察官には、取調室の窓にいつも来ていた鳩の話(永山は鳩が好きである。)をなごやかに話したり、親切にしてくれた刑事には、「しばらくですね、お元気ですか。」に始まり、是非会いに来て下さいと頼むなど、同被告人の別の一面があらわれている。
23) 反省の問題については、大阪刑事実務研究会編著『量刑実務大系 第3巻

一般情状等に関する諸問題』（判例タイムズ社、2011年）172頁以下〔川合昌幸〕。
24) ヴォルフガング・フリッシュ（岡上雅美訳）「連邦通常裁判所判例における刑罰構想、量刑事実および量刑基準―1つの批判的かつ建設的評価―」法政理論34巻3号（2002年）87頁以下。
25) 永田憲史「ブック・レビュー　量刑に関する議論のための基本文献」季刊刑事弁護71号（2012年）200頁。
26) 前注2)・司法研究61頁。
27) 前注2)・司法研究72頁。
28) 前注2)・司法研究73頁。
29) 前注2)・司法研究142頁。なお、ドイツにおける議論の状況については、岡上雅美「量刑における「威嚇予防目的」の考慮―ドイツにおける問題状況を中心にして―」早稲田法学70巻2号（1994年）1頁以下がある。
30) この問題については、前注8)・拙著101頁以下。
31) 団藤重光『死刑廃止論第6版』（有斐閣、2000年）9頁。
32) 最決平成19年3月22日刑集61巻2号81頁。
33) LEX/DB文献番号25502257。マンションの一室に侵入し、帰宅した被害女性から金品を強取したうえ、殺意をもって包丁で胸を突き刺して殺害し、放火して死体を損壊したほか、多数の強盗致傷、強盗強姦等の罪を犯した事案。
34) 前田雅英「死刑と無期の限界(上)、(下)―五件の最高裁判例の意味―」判例評論506号162頁以下、507号164頁以下（2001年）等。
35) 前注2)・司法研究103頁以下。
36) 渡邊一弘「裁判員制度の施行と死刑の適用基準―施行前の運用状況の数量化と初期の裁判員裁判における裁判例の分析―」岩井宜子先生古稀『刑法・刑事政策と福祉』（尚学社、2011年）473頁以下。
37) 前注20)・拙著135頁以下。
38) 井田良「裁判員裁判と量刑―研究者の立場からの提言―」司法研修所論集122号（2012年）208頁。
39) 前注3)・城下論文60頁以下。
40) 前注25)・永田論文200頁は、「これまでの死刑選択基準に概ね沿うものであると言ってよく、多くの賛同を得やすいものである。」と一応の評価を示している。
41) 小池信太郎「量刑における幅の理論と死刑・無期刑」論究ジュリスト4号（2013年）82頁以下。
42) 小池信太郎「量刑における犯罪均衡原理と予防的考慮(1)」慶應法学6号（2006年）30頁以下、同(3・完)慶應法学10号（2008年）53頁以下。
43) 死刑選択における「先例の集積」の重視は、まさに、前注2)の司法研究

のテーマである（同 106 頁）。
44) 前注 2)・司法研究 113 頁。
45) 前注 20)・拙著 149 頁。
46) 前注 20)・拙著 244 頁。
47) もっとも、差戻後の控訴審判決は（広島高判平成 20 年 4 月 22 日判例タイムズ 1383 号 171 頁）は、第 1 次上告審判決の破棄理由に従い「特に酌量すべき事情」の有無について審理し、判決している。これは、破棄判決の拘束力に従ったもので当然であり、さらに、第 2 次上告審も第 1 次上告審の破棄判決の拘束力に従うのだから、同じ枠組みを採るべきであるのに、それを明示していないのはいささか気になるところである。なお、上記の宮川反対意見は、第 1 次上告審の判断枠組みを踏襲している。
48) 本庄武「刑事裁判例批評 212」刑事法ジャーナル 34 号（2012 年）105 頁以下。なお、永田憲史「死刑求刑が予想される裁判員裁判における光市事件をどのように説明するか」季刊刑事弁護 72 号（2012 年）111 頁以下が興味深い分析を示している。
49) 永山事件の船田判決もおそらく構成員の 1 人が無期懲役の意見だったので死刑を回避したものと思われる。なお、光市母子殺害事件の第 2 次上告審において破棄差戻しの反対意見があったことからすると、死刑の執行は難しいと思われる。
50) 最高裁判所事務総局『裁判員裁判実施状況の検証報告書』（2012 年）104 頁。

第 5 章

死刑制度
―― ドイツの視点からの考察

フランツ・シュトレング
(翻訳：小名木明宏)

I 歴　史

　基本法102条は、「死刑はこれを廃止する」と謳っている。1949年5月23日に発効したドイツ連邦共和国基本法により、これまで長い間、当然の如く正当で特に象徴的な刑罰として承認されていたその制裁形式は廃止された。もちろん、すでに偉大なイタリアの刑事政策学者チェーザレ・ベッカリーアは彼の有名な1764年の著作「犯罪と刑罰」において、死刑の正当性について、疑義を唱えていた[1]。そして、19世紀には、フランクフルト国民議会並びにドイツ各邦における自由法治国家的・民主的なイニシアティブにおいて、再三再四、死刑の廃止のための立法上の契機が存在した[2]。1922年には、ワイマール共和国の当時の司法大臣であったグスタフ・ラートブルフは、死刑抜きで運用することを目論んだ法律案を提示した[3]。その注釈では、死刑は体刑の時代の遺物であり、それ故、近代の目的刑体系においては異物であると、ラートブルフによって根拠づけられた。また、すでに死刑抜きで問題なく運用していたヨーロッパの諸国についても言及されていた[4]。もちろん、この草案は、法律化には至らなかったし、その後の草案は再び死刑を規定していた。例えば1930年の草案（カール草案）では、死刑はもはや、一般的な刑罰としては取り上げられていない[5]が、しかし、各則（245条）において、謀殺に対する特殊な制裁としてのみ規定されていたという点では、この問題が非常に熟慮されたことを示していた。ワイマール共和国において、顕著となった死刑に対する疑義は、この制裁が殆ど科されることなく、そして、ほぼ執行が断念されるということにより、さらに推進された[6]。

　ドイツ連邦共和国における死刑の終焉は、「第三帝国」における

過剰に行われた殺害行為の帰結としてようやく実現した。国家社会主義者たちによって、死刑は殺人並びに国家反逆罪に対してのみならず、一定の関連性において、軽微な犯罪行為にも規定され、科された。戦時においては本当に軽微な犯罪においても特別な非難が規定されており（「民族にとって有害な行為の取締り命令」参照)[7]、他の民族の関係者により行為がなされたような場合（「ポーランド刑法命令」参照)[8]にも、死刑が導入されていた。1934年から1945年までの間、通常裁判によって16,560件の死刑判決が出され、そのうち、1940年から1945年までの戦争中には、15,900件あまりの死刑判決が下された[9]。国家警察当局の目から見て、裁判所があまりに軽い刑罰を科したとみなされる場合には、国家警察の命令によっても死刑は執行された[10]。異常に多くの死刑判決は、軍事裁判によっても宣告された。綿密な調査によってメッサーシュミットとヴュルナーは、公式記録と欠けていると思われるデータを補充した結果、結局は1939年から1945年までの間、軍事裁判で50,000人の死刑判決が下され、そのうち、3分の2が執行された、という結論に達している[11]。とりわけ、敵前逃亡や「究極の勝利」に対して疑問を投げかけるような「敗戦思想」[12]が主なものであった[13]。軍法会議による死刑の頻度は、第一次大戦における軍事裁判が非常に控えめであったことと際立って対照的である[14]。

　国家社会主義においてなされた、このような死刑の濫用に鑑みて、「第三帝国」の滅亡後、新たな憲法を提案した議会評議会は、圧倒的な多数をもって、死刑を廃止した[15]。死刑廃止直後は、この成果が確かなものとして妥当するかどうか確実ではなかった。例えば、1951年には、非常に著名な法史家であり刑法学者であるエーバーハルト・シュミットは、「たとえ、死刑がボン基本法 (102条) によって廃止されようとも、法制史を知っている者にとっては、そのこと

によって、死刑の問題の最終的な決定がなされたといえるのか、102条の規定を再び廃止する立法上の効果をもたらす様々な声を呼び起こすような重大な血なまぐさい事件が起こらないといえるのか、甚だ疑わしいものである」と記述している[16]。事実、1952年には、連邦議会において、死刑を再導入するかという審議がなされた。死刑の賛同者は、ここで確かにそれなりの支持を得たが、憲法改正に必要な十分な多数を得るには至らなかった[17]。短い期間ながらも連邦司法大臣を務めたある有名な保守的な連邦議会議員は、1960年代に再度、死刑の再導入を唱えた。リヒャルト・イェーガーはその際、殆ど賛同を得ることなく、嘲笑をかったのみだった[18]。「首狩り」イェーガーという嘲笑的な渾名が彼には与えられた[19]。

ドイツ民主共和国（東ドイツ）においては、その発展は異なるものであった。東側諸国においてよく見られるように、死刑は「第三帝国」の崩壊後もさらに科せられ、執行された。ここではまず、正義の実現を象徴づけることとは全くかけ離れたその執行形態が注目される。犯罪者は特別な部屋に連れて行かれ、いきなり背後から射殺された[20]。親族は後になって初めて刑が執行されたことを知らされた。その上、その経過は秘密にされて、死亡証明書には無難な死亡原因が書かれていた[21]。1987年6月17日になって初めてこのような悲しい時代は終結し、これにより、東ドイツはワルシャワ条約機構における刑事政策の先駆者として自らを実証せしめたのである[22]。

そして、2002年5月3日に署名された「あらゆる事情の下での死刑の廃止に関する人権および基本的自由の保護のための条約の第13議定書」が、欧州評議会の加盟各国にとって死刑の時代の終止符を打ったのであった[23]。これはベラルーシを除く全ヨーロッパ大陸に当てはまることである。

第5章 死刑制度 91

II 死刑に対する市民の見方

　死刑を再導入するということを拒否するという殆ど争いのない刑事政策上の路線は、世論において死刑を支持する見解が全くないということを意味するわけではない。世論調査によると、1949年には聞き取り調査の対象者の74％が死刑に賛成しており[24]、なお、1950年代においても調査対象者の50％を超える人が賛同していた。ここ30年は西部ドイツにおいては、賛同者は平均して30％弱であり、他方、東部ドイツ（かつての東ドイツ）では約10ポイントほど高くなっている。2009年、西部ドイツにおいては、賛同の数値は15％で特に低くなっていた。基礎となっている世論調査は、アレンスバッハ世論調査研究所によって実施された。その結果は図1に示される[25]。その種の調査の解釈については、特に世間の注目を集めるような重大犯罪の結果として、死刑を受容するという態度が度々、一時的な揺れ動きとして認められることを加味しなければならない[26]。

　また、法学部の学生への調査も世論調査から導き出された結果と同様に30％ほどの賛同者を認めている[27]。1970年代の終わりには、しかしながら、状況は異なっていた。当時、学生達は、他の市民や現在の学生よりも死刑に対して明確な拒否反応を示していた[28]。**表1**はハイデルベルク（1977年）とエアランゲン（2007年及び2010年）での法学部1年生に対する独自の調査の結果を示したものである。

　市民のおよそ3分の1が死刑に反対しているという現在の状況においても、この問題について真剣に積極的に考えているのは、ほんの一部の市民だけである。死刑が存在しないことを市民は真剣に問題とするということをせず、ただ単に回答がなされているという印

図1 死刑

質問：あなたは基本的に死刑に賛成ですか、反対ですか？（数字：％）
2009年8月調査

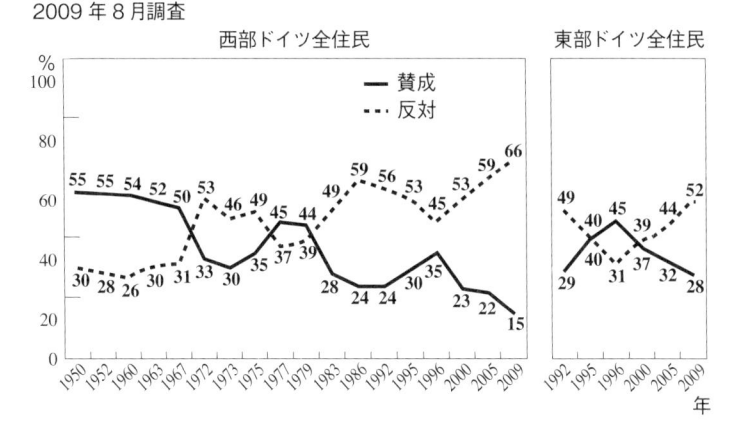

西部ドイツ全住民／東部ドイツ全住民
― 賛成
--- 反対

表1

多くの犯罪に対して死刑を肯定しますか？	1977	2007	2010
はい	11.5%	32.0%	31.9%
いいえ	88.5%	64.4%	63.8%
意見なし／記載なし	0%	3.6%	4.3%
総計　総数	100%　104	100%　222	100%　254

象がある。このことは、反駁的にさらに問い詰めると、多くの死刑の賛同者が、死刑の反対者の立場へと変わり、他方、その種の意見の変更は本来的な死刑の反対者には、殆どおこらなかったという現象からも明らかである[29]。数十年来、刑事政策の方向性が、決して死刑の再導入へと向いていなかったということは、死刑肯定の純粋

に明確な世論の動向がそれほど重みはなく、被調査者の少数にとどまっていたということを示しているのである。

III 刑罰目的の検討と死刑

1 応報と規範の確証

市民は現在運用されている刑事システムに非常によく慣れ親しんでいるということもいえる。死刑を断念するということは、市民の法に適った態度の確保並びに規範の確証の必要性という目的に鑑みれば、死刑を断念することは明々白々である。

これに対して、イマヌエル・カント流の応報論は持ち出されるべきではない。反映としての処罰という意味でタリオ、同害報復にカントは着目したが、そこでは刑罰の目的が問題なのではなく、刑罰の決定に際して裁判所の恣意を排除する明確な基準の原理[30]こそが問題なのである。事実、18世紀にはこれは非常に重要な関心事であった。当時の絶対主義的国家にあっては、国家の、具体的には裁判官の侵害に対して市民の自由を確保することこそが重要だったのである。これに対して、すでにゲオルグ・ヴィルヘルム・フリードリッヒ・ヘーゲルは、犯罪行為に対する正当なリアクションは変容する社会の考え方を通じて本質的に形成されていくものであるということを強調し、これにより、すでにその後の発展を見据えていた[31]。「生命に対しては生命を」という頑なな原則に固執し続けることは、正当なものとして評価されるべき刑罰が変容するというこの考え方に相反するものなのである[32]。

その種の評価の変更が、常に同じ方向へと進むとは限らないということは、現在のところ、再び高まっている厳罰主義の中で示されている。図2に示されるように、刑法211条の謀殺既遂に規定さ

図2　謀殺既遂に対する刑事制裁の動き——終身刑

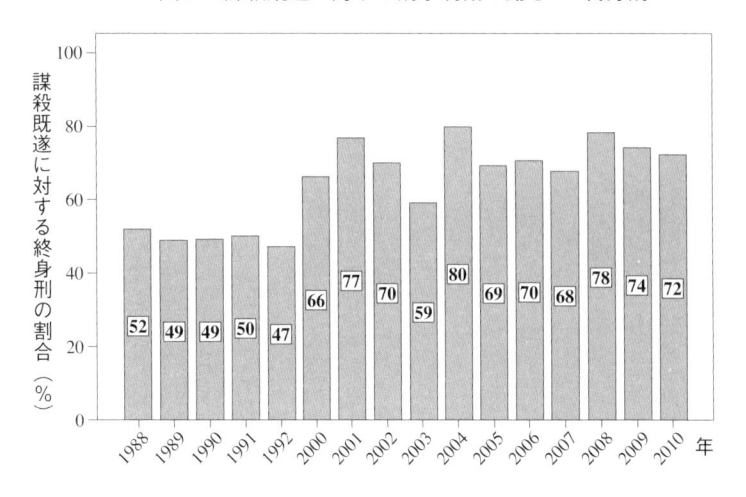

年	1988	1989	1990	1991	1992	2000	2001	2002	2003	2004	2005	2006	2007	2008	2009	2010
謀殺既遂に対する終身刑の割合(%)	52	49	49	50	47	66	77	70	59	80	69	70	68	78	74	72

図3　故殺に対する刑事制裁の動き——2つの時代の比較

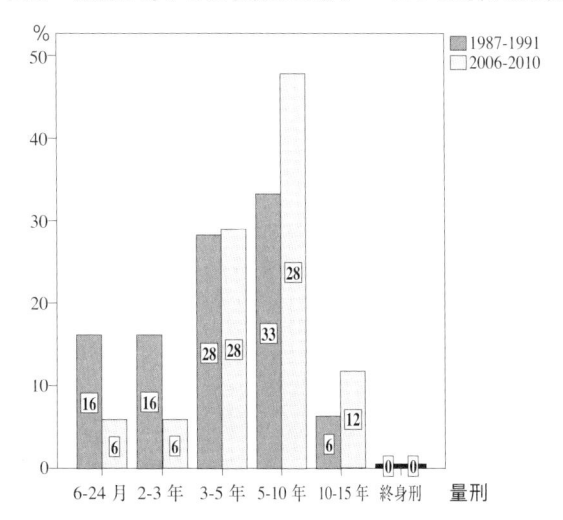

量刑	1987-1991 (%)	2006-2010 (%)
6-24月	16	6
2-3年	16	6
3-5年	28	28
5-10年	33	28
10-15年	6	12
終身刑	0	0

第5章　死刑制度　95

図4　激情による故殺の量刑

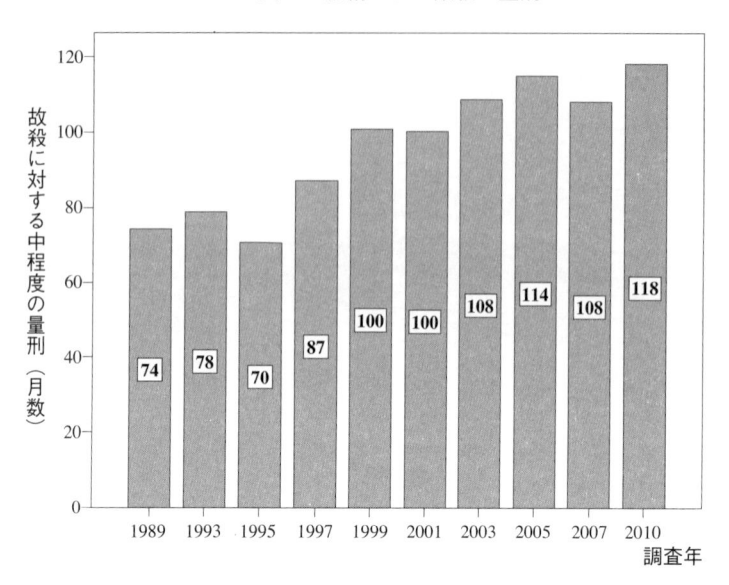

調査年	月数
1989	74
1993	78
1995	70
1997	87
1999	100
2001	100
2003	108
2005	114
2007	108
2010	118

れている終身刑を科すということが増加してきている。このことは、限定責任能力を理由とした刑の減軽（21条、49条）が、最近では殆ど認められないということに本質的に起因する。とりわけ自ら招いた酩酊事例において、裁判所は現在では法定刑の減軽を殆ど認めていない[33]。終身刑がしばしば適用されるということと故殺においても長期自由刑が科される（図3）ということは、重大な暴力事犯に対する厳罰主義の高まる要求を受け入れていることなのである。それによって、裁判所は市民における価値の移り変わりにコンタクトをとっているのである。法学部1年生への私の調査は、激情において実行された故殺についての質問をしたものであるが、市民においては1990年代の中頃からは重大な暴力事犯に際して処罰要請が高まっていたということを示していた（図4）。しかし、同時にそこで

は市民の中に死刑を受容するということは、総じて、減少していたのである（図1参照）。

2 一般予防的威嚇

死刑は重大犯罪に対して十分な予防効果を持ちうるから、威嚇効果があるという主張も、根拠は殆どない。例えば、1912年から32年にかけて、ドイツでは、非常に簡単な計算ではあるものの、死刑の執行が減ったからといって、謀殺の数値が増えたという結果は生ぜず、むしろ全く逆であったということが示された[34]。死刑の頻度とそれに続く殺人罪の頻度の変化との間のその種の数値的連関については、同様に殺人事件の件数に影響力を及ぼすような様々な社会的なファクターが影響し、その連関を曖昧にしてしまうのである。アメリカの各州における死刑の導入ないし死刑の廃止と関連した死刑の一般予防的効果についての最近の包括的研究は、威嚇の効果に関して明確なイメージを何ら示していない。事実、アメリカにおいて言われている威嚇効果という元々の印象は、昨今では様々な要素を計算に入れると、大いに疑わしいものとなってきた[35]。

3 特別予防的保安

有罪判決を受けた者が、今後、同様の行為をすることを妨げるという意味での特別予防的な保安目的は、長期間の刑事施設への収容によっても、実現することができる。ドイツにおいても、ここ数年、重大な粗暴犯並びに性犯罪に対応して、保安志向の厳罰主義[36]が、高まりつつある。これは、謀殺の事案に対して終身刑が非常に頻繁に科せられていること（先の図2）、更に、（求刑され、宣告された）長期の自由刑（先の図3及び4）、そして保安処分として再び増加し、長期にわたっている保安監置の適用（図5）、といったものに明確に

図5　保安監置収容者数

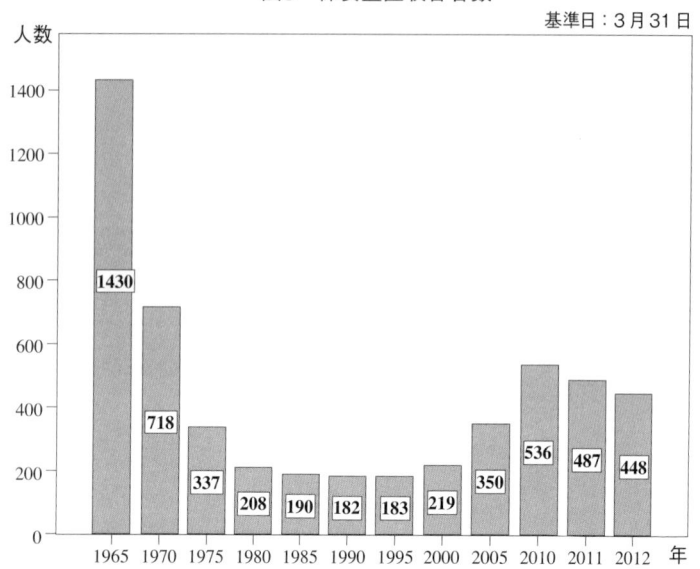

基準日：3月31日

人数／年
- 1965: 1430
- 1970: 718
- 1975: 337
- 1980: 208
- 1985: 190
- 1990: 182
- 1995: 183
- 2000: 219
- 2005: 350
- 2010: 536
- 2011: 487
- 2012: 448

示されている[37]。しかし、そこには、死刑を求める声はない[38]。

4　処罰感情

　刑法において最近強まっている被害者志向は、被害者の利益ないしは被害者の親族の利益がどの程度まで制裁に影響力を持つべきかという問題につながってきた。このことは、殺害された人の親族の処罰感情という利益によって死刑が正当化されるかという問題に集約される。

　これに対する回答は明確にノーである。まさに死刑を執行することによって、殺人事件の被害者の遺族が抱く報復感情を実現することは、国家の任務ではない。さしあたり、犯罪への反感を適切に統

御していくことが国家の司法の重要な任務であると十分考えられうるにしても、このことは妥当する[39]。犯罪に対する感情的な反発をこのように統御していくことは、まずは、犯罪の被害者ないし遺族による私的制裁を阻止する機能を果たす。なぜなら報復行為は国家の安全と秩序を大いに阻害し、社会的な正義と両立しないからである。

　直接的ないしは間接的な犯罪被害者の処罰感情を満たすことは国家による刑罰に含まれているが、しかしそれは普遍性を帯びた正当な刑罰という枠組みの中でのみ認められるのである。普遍的な規範の確証という社会的な任務に方向づけられた刑法体系は、すでにこの社会的な任務のゆえに個々の市民の持つ何らかの極端な反感を基準としてはならないのである。このような視座は、殺人事件のような重大な犯罪に対しても感情的な反発をコントロールするには、長期または終身刑で十分機能するという考察によって裏付けられている。このことは死刑廃止に対するドイツやほぼ全ヨーロッパ諸国での冷静な反応にも見て取れるのである。

Ⅳ　最後に——死刑に反対する主要な論拠

　最後に、そして補足ながら、死刑に反対する議論の中で用いられる論拠を今一度、想起してみたい。

　この世の正義には、エラーがつきものである。死刑を執行した後では、間違った有罪判決は最早有効に正されることはない。例えば、DNA分析という新しい立証方法は、アメリカにおいて、司法の大規模な誤りが、重大犯罪においても起こり得るものであるかということを明確に示した[40]。他の刑事手続規定をもつ国々においては、誤判はより少ないであろうと考えるにしても、それは、誤判のリス

クの問題を限定的に緩和するに過ぎない。

死刑は人間の生命の価値を相対化するものである。謀殺に対して厳格な刑罰を科すことによって人間の生命の価値を強調するという目的と矛盾し、間違っているのである[41]。死刑に反対するこのような論拠は、ドイツの刑事政策的な議論において、とりわけ、人間の尊厳の保護という観点のもとで主張される[42]。国家の任務は人間の尊厳を保護する（基本法1条1項）ことであり、このことは、将来的な基本法102条の修正の可能性とは全く別に、死刑を再導入することは排除されなければならないということの憲法の中心的論拠であると考えられる[43]。

---

1) Vgl. *Cesare Beccaria*, Über Verbrechen und Strafen (1764), Kap. XXVIII (dt. Fassung, 1988 [insel-tb], S. 123 ff.).
2) Vgl. *Bernhard Düsing*, Abschaffung der Todesstrafe in der Bundesrepublik Deutschland, 1952, S. 29 ff.; *Eberhard Schmidt*, Einführung in die Geschichte der deutschen Strafrechtspflege, 3. Aufl. 1983, S. 321 ff.; ferner *Friedrich Ebel/Philipp Kunig*, Die Abschaffung der Todesstrafe – Historie und Gegenwart, Jura 1998, S. 617 ff., 618.
3) Vgl. *Eberhard Schmidt* (Hrsg.), Gustav Radbruchs Entwurf eines Allgemeinen Deutschen Strafgesetzbuches (1922), 1952, S. 4 f. (§§ 29 ff. Entwurf-1922).
4) Vgl. *Gustav Radbruch*, Bemerkungen, in: Eberhard Schmidt (Hrsg.), Gustav Radbruchs Entwurf eines Allgemeinen Deutschen Strafgesetzbuches (1922), 1952, S. 52 f.; ferner *Eberhard Schmidt*, Einleitung, in: a.a.O., S. XI–XII.
5) Vgl. §§ 34 ff. Entwurf-1930; vgl. in: Thomas Vormbaum/Kathrin Rentrop (Hrsg.), Reform des Strafgesetzbuchs. Sammlung der Reformentwürfe, Band 2: 1922 bis 1939, 2008, S. 203 ff., 205, 239.
6) Vgl. *Bernhard Düsing*, Abschaffung der Todesstrafe in der Bundesrepublik Deutschland, 1952, S. 175.
7) Dazu *Gerhard Werle*, Justiz-Strafrecht und polizeiliche Verbrechensbekämpfung im Dritten Reich, 1989, S. 233 ff.; ferner *Manfred Messerschmidt/Fritz Wüllner*, Die Wehrmachtjustiz im Dienste des Nationalsozialismus – Zerstörung einer Legende,

1987, S. 169 ff.
8) Dazu *Richard Schmid*, Der Streit um die Todesstrafe, in: Gewerkschaftliche Monatshefte 11/1958, S. 660 ff., 666; *Gerhard Werle*, Justiz-Strafrecht und polizeiliche Verbrechensbekämpfung im Dritten Reich, 1989, S. 371 ff., 395.
9) 数値については *Bernhard Düsing*, Abschaffung der Todesstrafe in der Bundesrepublik Deutschland, 1952, S. 219; *Michael Kubink*, Strafen und ihre Alternativen im zeitlichen Wandel, 2002, S. 267 f.; ferner *Günther Kaiser*, Kriminologie. Ein Lehrbuch, 3. Aufl. 1996, § 94 Rn. 23 f.（Tabelle 55）.
10) Dazu *Gerhard Werle*, Justiz-Strafrecht und polizeiliche Verbrechensbekämpfung im Dritten Reich, 1989, S. 577 ff.
11) Vgl. *Manfred Messerschmidt/Fritz Wüllner*, Die Wehrmachtjustiz im Dienste des Nationalsozialismus – Zerstörung einer Legende, 1987, S. 72 ff., 87; vgl. auch *Bernhard Düsing*, Abschaffung der Todesstrafe in der Bundesrepublik Deutschland, 1952, S. 220 f.
12) Vgl. *Manfred Messerschmidt/Fritz Wüllner*, Die Wehrmachtjustiz im Dienste des Nationalsozialismus – Zerstörung einer Legende, 1987, S. 90 ff., 132 ff.
13) 後者は一般市民にも適用される。vgl. etwa *Michael Kubink*, Strafen und ihre Alternativen im zeitlichen Wandel, 2002, S. 267 f.; *Gerhard Werle*, Justiz-Strafrecht und polizeiliche Verbrechensbekämpfung im Dritten Reich, 1989, S. 210 ff.
14) Vgl. *Bernhard Düsing*, Abschaffung der Todesstrafe in der Bundesrepublik Deutschland, 1952, S. 198 f., 220 f.
15) Ausführl. *Bernhard Düsing*, Abschaffung der Todesstrafe in der Bundesrepublik Deutschland, 1952, S. 276 ff., 282, 285; ferner *Arnd Koch*, Die Abschaffung der Todesstrafe in der Bundesrepublik, in: Recht und Politik 41（2005）, S. 230 ff., 232 f.
16) *Eberhard Schmidt*, Einleitung, in: Eberhard Schmidt（Hrsg.）, Gustav Radbruchs Entwurf eines Allgemeinen Deutschen Strafgesetzbuches（1922）, 1952, S. XI.
17) Ausführl. *Bernhard Düsing*, Abschaffung der Todesstrafe in der Bundesrepublik Deutschland, 1952, S. 327 ff., 332 f.; *Arnd Koch*, Die Abschaffung der Todesstrafe in der Bundesrepublik, in: Recht und Politik 41（2005）, S. 230 ff., 233 f.
18) Vgl. dazu DER SPIEGEL Nr. 17/1961: „Soll wieder gehenkt werden? Gespräch über die Todesstrafe mit Bundestagsvizepräsident Dr. Richard Jäger"; 死刑をめぐる議論が当時、他方ではまだ終息していなかったことは、1962年のJ. Schlemmer編の論集 „Die Frage der Todesstrafe. Zwölf Antworten" にも現れており、それには、*Reinhart Maurach, Eberhard Schmidt, Hans-Heinrich Jescheck* そして *Paul Bockelmann* も寄稿している。
19) Vgl. DER SPIEGEL Nr. 21/1998: „Gestorben: Richard Jäger".

20) Vgl. *Günther Kaiser*, Kriminologie. Ein Lehrbuch, 3. Aufl. 1996, § 94 Rn. 24.
21) Vgl. *Arnd Koch*, Das Ende der Todesstrafe in Deutschland, in: Juristenzeitung 2007, S. 719 ff., 721.
22) Vgl. *Arnd Koch*, Das Ende der Todesstrafe in Deutschland, in: Juristenzeitung 2007, S. 719 ff., 722.
23) Vgl. Bundesgesetzblatt 2004, II, S. 983.
24) Nachweis bei *Bernhard Düsing*, Abschaffung der Todesstrafe in der Bundesrepublik Deutschland, 1952, S. 294.
25) Vgl. die Nachweise der Umfragen in: Renate Köcher (Hrsg.), Allensbacher Jahrbuch der Demoskopie 2003-2009, Band 12, 2009, S. 182. – Vgl. ferner *Arthur Kreuzer*, Die Abschaffung der Todesstrafe in Deutschland – mit Vergleichen zur Entwicklung in den USA, in: Zeitschrift für internationale Strafrechtsdogmatik 8/2006, S. 320 ff., 325 (Graphik 1).
26) Vgl. dazu etwa *Heinz Schöch*, Die Todesstrafe aus viktimologischer Sicht, in: Heinz Müller-Dietz u.a. (Hrsg.), Festschrift für Heike Jung, 2007, S. 865 ff., 866 ff.
27) Vgl. *Franz Streng*, Kriminalpolitische Extreme – die Sicht junger Menschen, in: Thomas Görgen u.a. (Hrsg.), Interdisziplinäre Kriminologie. Festschrift für Arthur Kreuzer, 2. Band, 2. Aufl. 2009, S. 852 ff., 853 f.; *ders.*, Punitivität bei Justizjuristen, in: Zeitschrift für Jugendkriminalrecht und Jugendhilfe 2012, S. 148 ff., 150 (Tabelle 2). 質問事項のフォーマットが異なるためデータとしてはそのままでは比較することはできないが、*Arthur Kreuzer*, Die Abschaffung der Todesstrafe in Deutschland – mit Vergleichen zur Entwicklung in den USA, in: Zeitschrift für internationale Strafrechtsdogmatik 8/2006, S. 320 ff., 325 (Graphik 2).
28) Vgl. *Franz Streng*, Strafmentalität und juristische Ausbildung, 1979, S. 41, 94; *ders.*, Punitivität bei Justizjuristen, in: Zeitschrift für Jugendkriminalrecht und Jugendhilfe 2012, S. 148 ff., 150 (Tabelle 2).
29) Vgl. *Karl-Heinz Reuband*, Die Todesstrafe im Meinungsbild der Bevölkerung, in: Thomas Görgen u.a. (Hrsg.), Interdisziplinäre Kriminologie. Festschrift für *Arthur Kreuzer*, 2. Band, 2. Aufl. 2009, S. 639 ff., 651 ff.; 調査方法を変えた場合の影響については vgl. auch *Arthur Kreuzer*, Aktuelle Aspekte der Todesstrafe, in: Otto Triffterer (Hrsg.), Gedächtnisschrift für Theo Vogler, 2004, S. 163 ff., 176.
30) Vgl. etwa *B. Sharon Byrd/Joachim Hruschka*, Kant zu Strafrecht und Strafe im Rechtsstaat, in: Juristenzeitung 2007, S. 957 ff., 962.
31) Vgl. *Georg Wilhelm Friedrich Hegel*, Grundlinien der Philosophie des Rechts, 3. Aufl. 1930 (herausgegeben von Georg Lasson), S. 309 (Zusatz zu § 96); 4. Aufl. 1955 (herausgegeben von Johannes Hoffmeister), S. 96 ff. (§ 101), S. 188 f. (§ 218), S. 365 (Zu § 96 Anm.).

32) ヘーゲル自身はこの帰結を死刑賛成の論拠とはしていない。dazu *Eberhard Schmidt*, Einführung in die Geschichte der deutschen Strafrechtspflege, 3. Aufl. 1983, S. 295.
33) Vgl. *Franz Streng*, in: Münchener Kommentar zum Strafgesetzbuch, 2. Aufl. 2011, § 21 Rn. 5, 24 f.; *ders.*, Punitivität bei Justizjuristen, in: Zeitschrift für Jugendkriminalrecht und Jugendhilfe 2012, S. 148 ff., 152 f.（mit Tabelle 7）.
34) Vgl. *Bernhard Düsing*, Abschaffung der Todesstrafe in der Bundesrepublik Deutschland, 1952, S. 175 ff.; アメリカでの比較的考察については vgl. *Edurard Dreher*, Für und wider die Todesstrafe, in: Zeitschrift für die gesamte Strafrechtswissenschaft 70（1958）, S. 543 ff., 553 f.
35) Dazu näher *Arthur Kreuzer*, Aktuelle Aspekte der Todesstrafe, in: Otto Triffterer（Hrsg.）, Festschrift für Theo Vogler, 2004, S. 163 ff., 165 ff.; *Dieter Hermann*, Die Abschreckungswirkung der Todesstrafe – ein Artefakt der Forschung?, in: Dieter Dölling u.a.（Hrsg.）, Verbrechen – Strafe – Resozialisierung. Festschrift für Heinz Schöch, 2012, S. 791 ff.; *Franz Streng*, Strafrechtliche Sanktionen, 3. Aufl. 2012, Rn. 59 ff., 62.
36) 厳罰主義へ保安思想の影響については *Franz Streng*, Punitivität bei Justizjuristen, in: Zeitschrift für Jugendkriminalrecht und Jugendhilfe 2012, S. 148 ff., 150 f.（Tabellen 3 und 5）.
37) Ausführl. *Franz Streng*, Punitivität bei Justizjuristen, in: Zeitschrift für Jugendkriminalrecht und Jugendhilfe 2012, 148 ff., 149 f., 151 ff.（mit Schaubildern 9）.
38) 死刑の代替としての終身刑については vgl. auch *Gabriele Kett-Straub*, Die lebenslange Freiheitsstrafe, 2011, S. 12 f.; ferner *Heinz Schöch*, Die Todesstrafe aus viktimologischer Sicht, in: Heinz Müller-Dietz u.a.（Hrsg.）, Festschrift für Heike Jung, 2007, S. 865 ff., 870.
39) Dazu näher *Franz Streng*, Strafrechtliche Sanktionen, 3. Aufl. 2012, Rn. 27 ff.
40) Vgl. etwa *Arthur Kreuzer*, Die Abschaffung der Todesstrafe in Deutschland – mit Vergleichen zur Entwicklung in den USA, in: Zeitschrift für internationale Strafrechtsdogmatik 8/2006, S. 320 ff., 322; *Samuel R. Gross/Michael Schaffer*, Exonerations in the United States, 1989–2012. Report by the National Registry of Exonerations（Internet-Veröffentlichung）, Juni 2012, S. 18 ff.; vgl. auch schon *Edurard Dreher*, Für und wider die Todesstrafe, in: Zeitschrift für die gesamte Strafrechtswsissenschaft 70（1958）, S. 543 ff., 559 ff.
41) Vgl. auch *Hans-Heinrich Jescheck/Thomas Weigend*, Strafrecht. Allgemeiner Teil, 5. Aufl. 1996, § 71 I 2; *Arthur Kreuzer*, Die Abschaffung der Todesstrafe in Deutschland – mit Vergleichen zur Entwicklung in den USA, in: Zeitschrift für in-

ternationale Strafrechtsdogmatik 8/2006, S. 320 ff., 322; zu kontraproduktiven Effekten *Richard Schmid*, Der Streit um die Todesstrafe, in: Gewerkschaftliche Monatshefte 11/1958, S. 660 ff., 668 f.

42) Vgl. dazu etwa Entscheidungen des Bundesgerichtshofes in Strafsachen (BGHSt) 41, S. 317 ff., 325; *Gabriele Kett-Straub*, Die lebenslange Freiheitsstrafe, 2011, S. 17; relativierend aber *Eduard Dreher*, Für und wider die Todesstrafe, in: Zeitschrift für die gesamte Strafrechtswissenschaft 70 (1958), S. 543 ff., 562 ff.

43) Vgl. dazu etwa *Hans-Heinrich Jescheck/Thomas Weigend*, Strafrecht. Allgemeiner Teil, 5. Aufl. 1996, § 71 I 1; *Michael Sachs*, Grundgesetz. Kommentar, 6. Aufl. 2011, Art. 102 Rn. 7; *Rupert Scholz*, in: Maunz/Dürig, Grundgesetz. Kommentar, 65. Aufl. 2012, Art. 102 Rn. 29 ff.; *Philip Kunig*, in: von Münch/Kunig (Hrsg.), Grundgesetz. Kommentar, 6. Aufl. 2012, Art. 102 Rn. 18.

第6章

ドイツの無期刑と「責任重大性条項」
―― 立法・判例の動向を中心に

小池 信太郎

Ⅰ　はじめに

　死刑論議に際しては、仮に死刑を廃止し、又は、その適用を制限する場合の代替刑の問題も重要である。

　死刑の代替刑として考えられるのは、無期刑ないし終身刑、すなわち、刑期が終身にわたる自由刑である。それには、仮釈放の有無、要件、期間、手続、実際の運用などに応じて、様々なバリエーションがありうる。用語法として、①無期刑を仮釈放の可能性があるものに限定し、それがないものを「終身刑」と呼んで区別する整理と、②「無期刑」と「終身刑」は概念的には同一であり、仮釈放制度との組み合せ方が様々でありうるという整理がある。②の方が、国際的文脈では混乱を生じにくい。刑期が終身にわたる自由刑は、例えば、英語では life imprisonment、ドイツ語では lebenslange Freiheitsstrafe であり、それに仮釈放の制度が伴う場合と伴わない場合がありうるという理解が、両言語でとられている[1]。

　日本の現行法上の無期刑は、仮釈放が可能なものである。無期刑の仮釈放は、受刑者が10年間服役した後、「改悛の状」があることを条件に、行政官庁の裁量により行われる（刑法28条）[2]。この法律上の仮釈放要件、特に10年という最短服役期間は、かなり寛大である。そこで、かつては、「無期刑になっても、15年もすれば社会に戻ってくる」などと言われ、それは現実の運用によってもある程度裏づけられていた[3]。そして、そうしたイメージを背景に、死刑の代替刑としても世論の納得を得られるような、仮釈放のない、又は、最短服役期間の延長された無期刑の導入論も主張されてきた。そこで前提とされているのは、きわめて重い犯罪の中にも、現行制度であれば死刑に対応し、又はそれに準じる特に重い事案と、相対

的に軽い事案が存在することを前提に、前者について、「より重い無期刑」を科せるようにしたい、という発想である。ところが、近年、無期刑の仮釈放が著しく狭き門となり[4]、無期刑はすでに事実上「終身刑」化したとすら言われている[5]。それにより、むしろ「より重い無期刑」の方が一般化した格好となっている。無期刑の刑事制裁としての内実を左右する重要な運用変更が、法改正はおろか、開かれた議論と外部から認識可能な方針決定に基づかずに生じていることは、それ自体、望ましいこととは言えないであろう。

こうした問題関心から、本書の元になった国際シンポジウムの相手国ドイツに目を向けると、同国では、死刑に代わり最高刑となった無期刑に関して、相対的に軽い事案と「より重い無期刑」に見合う重い事案を区別して取り扱おうという発想が、独特の方式で制度化されている。ドイツ（東西ドイツ分裂期においては西ドイツ）の無期刑は、元々は仮釈放のないものであったが、1977年の連邦憲法裁判所の判決を受けて、1981年に刑法が改正され、仮釈放の規定（ドイツ刑法57条a）が導入されている。そして、その要件として、15年間の服役や再犯のおそれに関する良好な予測の他に、「責任の特別な重大性が、さらなる執行を要請しない」ことが定められているのである。「責任重大性条項」と呼ばれるこの要件は、無期刑を言い渡される謀殺[6]犯人の責任の程度は様々であることを前提に、15年の服役では短すぎると感じられる者について、相応の執行期間を確保しようというものである。その解釈・運用の動向[7]は、日本において、死刑の代替刑としての運用をも視野に入れつつ[8]、無期刑のあり方を模索しようとする際にも、参考になるものと思われる。

そこで、以下では、まず、ドイツの無期刑に仮釈放制度が導入された経緯を振り返った上で（Ⅱ）、現行の仮釈放制度の概要を確認する（Ⅲ）。それに続いて、メインテーマである責任重大性条項の

解釈・運用を紹介する（Ⅳ）。結びに代えて、本稿で紹介した内容が日本の議論に与える示唆と今後の展望に関し、若干のコメントを加える（Ⅴ）。

Ⅱ　死刑廃止後の状況と無期刑への仮釈放制度の導入

1　死刑廃止後の無期刑の状況

メインテーマに至る前提として、まず、無期刑に仮釈放制度が導入された経緯を、主に先行研究[9]に依拠して振り返る。

ドイツでは、1949年に基本法（憲法）によって死刑が廃止され[10]、無期刑が最高刑に昇格した。

ドイツ刑法は元々、「熟慮」による故意殺人を謀殺罪とし、その絶対的法定刑を死刑としていた。無期刑は、比較的少数の罪において、（有期刑との）選択刑として定められていたにすぎず、死刑の陰に隠れた存在であった[11]。ところが、1941年の刑法改正により、謀殺罪の構成要件が、殺人欲、性欲、強欲、その他の下劣な動機、不意打ち、残酷、公共にとり危険な手段、他の犯罪行為を可能にし、又は隠蔽する目的の・い・ず・れ・か・を充足すれば該当性が認められる現行の形に変わっていたところ[12]、その原則的法定刑であった死刑が廃止され、無期刑が絶対的法定刑とされたのである。それにより、無期刑の適用範囲が大きく広がることとなった[13]。

無期刑は、当初、仮釈放の可能性のないものであった。これは、死刑の代替刑としてそうした刑を設けたわけではなく、ドイツ刑法の仮釈放制度が元々有期刑だけを対象としていたことによる。ただ、第2次世界大戦前は、20～30年の服役後に恩赦により釈放する慣行であったものが、死刑廃止後、無期刑の厳格な執行が必要と考えられ、恩赦が例外化したというのであるから[14]、機能的には、死刑

の代替刑として、「終身刑」が導入されたとも言いうる。

しかし、死刑が廃止され、無期刑の存在感が増すと、——古くから指摘されていた——釈放の望みのない刑の問題性、とりわけ、拘禁期間が例えば20年を超えると、諦めや失望が受刑者の心身を蝕み、廃人化に至るという「人格損壊作用」に注目が集まり、1960年代後半には、無期刑の是非をめぐる議論が活発化した[15]。無期刑廃止論も有力に主張される中で、何らかの手段で、無期刑の受刑者にも釈放への希望を持たせなければならないという認識において、保守的な論者を含めてほぼ一致がみられるようになった。1969年の刑法総則大改正では、無期刑の仮釈放規定の導入は見送られたが、これは、刑法改正特別委員会[16]が、無期刑受刑者に現実的希望を与えるために、仮釈放の定めを置くことは望ましいとしながらも、死刑廃止から日が浅い当時において、「終身（lebenslang）であれども終身でない」と法律で定めることを躊躇したという事情によるものであった[17]。

こうした動きに呼応して、各州の恩赦実務が急速に積極化し、1970年代前半には、20年前後服役した者について、再犯のおそれに関する予測が良好である限りで、恩赦により釈放する取扱いが一般化した[18]。1976年に成立し、翌年から施行された行刑法でも、行刑目的として受刑者の社会復帰が予定され、無期刑についても例外とはされなかった[19]。連邦司法省は、当時、無期刑の仮釈放制度の導入を真剣に検討していた[20]。

2　1977年連邦憲法裁判所判決

そんな中、連邦憲法裁判所は、1977年6月21日の判決[21]において、無期刑は、それ自体として、基本法における「人間の尊厳」の保障等に反しないとしながら、立法者に対し、仮釈放規定の導入を

義務づける判断を示した。

　本判決は、次のように述べて、人格損壊作用を論拠とする違憲論を退けた。すなわち、行刑実務が「拘禁するだけの行刑」から「処遇行刑」へと変革されていることなどに鑑み、人格破壊作用を主張する古い調査研究をそのまま現在には適用できない[22]。近時の文献や口頭弁論で聴取された鑑定人らの意見には顕著な対立がみられ、いずれも十分信頼に足りるとまでは言えない[23]。そうすると、人格損壊が生じる懸念がおよそ払拭されるわけではないものの、判断には抑制が求められる。恩赦実務では平均服役期間は約20年となっていることをもふまえると、なお「人間の尊厳」違反とまでは言えない[24]。

　本判決は、これに続いて、釈放の可能性が恩赦に限られていることによる判断の不統一のおそれ、司法審査の欠如などの問題を指摘しつつ[25]、次の重要な判示を行った。「人間の尊厳に適合した無期自由刑の行刑が保障されるのは、受刑者に、将来自由を再び獲得できる具体的かつ原則として実現可能でもあるチャンスがある場合に限られる。受刑者がその人格の展開にかかわらず、自由を再び獲得するあらゆる希望を諦めなければならないとしたら、人間の尊厳の中核に抵触するからである。この憲法的要請に応じる……ためには、恩赦の制度があるだけでは十分でない」。「恩赦は、司法型の保障のない内部的手続で行われる」し、各州における恩赦の「手続及び釈放時点の決定には著しい差異があり、その理由の検証は不可能である」。「当事者にとりきわめて重要な……問題に関する判断である」以上、「法的安定性の原理と実体的正義の要請の双方から、無期自由刑〔の残部〕が猶予[26]されうるための要件及びその際に適用される手続を法定することが要請される」[27]。

　本判決は、続けて、無期刑の仮釈放と責任原則の関係について、

「責任原則は、すでにこれまでも、満期前の条件付釈放の可能性を織り込んできた」「ドグマティックにはややもすると一貫しないように見えるルールが、刑事政策的には適切でありうる」[28]などと述べた。さらに、定められるべき仮釈放要件の内容に関し、最短服役期間と再犯のおそれに関する良好な予測だけで足りるかを問題とし、個々の謀殺行為の不法・責任内容をも考慮した釈放時期の個別化も念頭に置かれるであろうこと[29]などを指摘している[30]。

3　1981年改正——刑法57条aの導入

上記判決を受けて、1979年、連邦政府は、無期刑の仮釈放に関する57条aを導入する刑法改正案を連邦議会に提出した。それは、「きわめて重大な犯罪に対する責任相当な制裁としての無期自由刑の原則を堅持しつつ、良好な社会的予測ゆえに今日でもすでに州の恩赦実務によれば恩赦を見込める人の範囲についてだけ、一定の狭く限定された要件の下で、無期自由刑の残部の猶予を定める」[31]ものと説明された[32]。

法案は、議会において修正を経た上で[33]、1981年に成立し、翌年に施行された[34]。

Ⅲ　無期刑仮釈放制度の概要

1　実体規範

無期刑受刑者の仮釈放について定めたドイツ刑法57条aの現在の内容は、次の通りである。

第57条a（無期自由刑における残刑の猶予）
（1）　¹裁判所は、次の場合には、無期自由刑の残部の執行を猶予

する。
1. 15年間の刑の服役が行われ、
2. 有罪を言い渡された者の責任の特別な重大性がさらなる執行を要請せず、かつ、
3. 第57条[35]第1項第1文第2号〔社会一般の安全という利益の考慮の下、仮釈放を行うことに責任を持ちうる〕及び第3号〔受刑者の同意〕の要件が存する。

² 第57条第1項第2文〔人格、前歴、犯情、再犯により脅かされる法益、行刑中の態度、生活関係、仮釈放により期待しうる効果を考慮する〕及び第6項を準用する。

(2) （略）

(3) ¹ 猶予の期間は、5年間とする。² 第56条a第2項第1文〔猶予期間開始時期〕及び第56条b乃至第56条g〔付随処分としての負担・指示・保護観察、事後的決定、猶予の取消し、期間経過後の刑の免除〕、第57条第3項第2文〔保護観察〕及び第5項第2文〔猶予の取消し〕を準用する。

(4) （略）

この規定による無期刑の仮釈放要件は、①15年間の服役、②責任の特別な重大性がさらなる執行を要請しないこと、③再犯のおそれに関する良好な予測（「社会一般の安全という利益の考慮の下、〔仮釈放に〕責任を持ちうる」こと）、④受刑者本人の同意、の4つである[36]。

これらの要件は、全ての無期刑受刑者に仮釈放のチャンスが認められなければならない一方で、それによって社会一般が脅かされないことが前提であり、再社会化が未達成の者は釈放できないこと、無期刑受刑者の犯行の重さは様々であるから、最短服役期間の経過後、再犯のおそれがない場合も、「機械的に」釈放するわけにはいかないことを考慮したものである[37]。

上記4要件を充足する場合、仮釈放は義務的であって、仮釈放審

理を行う機関の裁量は認められない。

仮釈放にあたっては、有期刑の場合と同様に、被釈放者に不法の償いのための一定の負担（金銭支払い、公益的労働など）を課すことができるが[38]、無期刑の場合には現実的でないとされる[39]。それに対し、再犯防止のための指示（居住、職業訓練に関するものなど）[40]は、有意義かつ必要であるとされる[41]。保護観察に付す（保護観察官の監督・指導下に置く）こと[42]は、必要的ではないが、無期刑の場合、それを行うのが大原則である[43]。

仮釈放期間は、5年である[44]。その期間内の再犯等により仮釈放が取り消されなければ、刑の免除を受けられる[45]。

2　仮釈放審理の手続

仮釈放審理を担当するのは、行政官庁ではなく、地方裁判所の刑執行部である（「執行裁判所」と呼ばれる）[46]。無期刑の仮釈放については、3人の職業裁判官の合議体で判断する[47]。

仮釈放の審理は、受刑者、検察官等の申請又は職権により開始される。執行裁判所は、口頭弁論を経ないで決定で裁判する[48]。検察官、受刑者本人及び刑事施設からの聴取が必要である[49]。本人の聴取は、原則的に口頭で行う[50]。その理由は、仮釈放決定の「社会一般の法益保護にとっての射程の広さゆえに、裁判所が決定を起案する前に、刑を言い渡された者の個人的印象を今一度獲得すること」が必要であるからとされる[51]。仮釈放要件の充足が明らかである場合を除き、国選弁護人の選任も必要とされる[52]。

裁判所が無期刑の仮釈放を考える場合には、鑑定人の意見聴取も必要である[53]。鑑定人は、「特に、刑を言い渡された者が犯行により示した危険性が継続しているおそれがもはや存在しないか」[54]について意見を述べる。鑑定人として、第1次的には医師（精神科医）

が考えられるが、心理学者等も想定されている[55]。

仮釈放の可否に関する刑執行部の決定に対しては、即時抗告による不服申し立てが可能である[56]。

3 運用状況

刑法57条aを導入した立法者の意図は、それ以前の釈放実務を抜本的に変更することではなく、それに仮釈放という法的基盤を与えることであったが、法改正は実際にはどのように作用しただろうか。

ある調査研究[57]によると、1945年から1975年までの30年間に、677名が恩赦により釈放された。平均的な服役期間（中央値）は、20年3か月である。内訳は、15年未満が28％、15年以上20年未満が33％、20年以上が39％であった。それに対し、刑法57条a導入後の1982年から1989年までの8年間に、125名が仮釈放により、67名が恩赦により、釈放された。平均的な服役期間（中央値）は、18年7か月（仮釈放の場合）及び16年4か月（恩赦の場合）へと短縮された。仮釈放と恩赦を合計した内訳は、15年未満での釈放が、57条a導入前は28％だったものが12％に減少し、15年以上20年未満が33％から54％へと増加し、20年以上は39％から35％に減少した。

2002年から、刑事学センター（Kriminologische Zentralstelle）が、連邦司法省と各州の協力の下、無期刑の執行状況を公表している[58]。それによると[59]、2002年から2010年までの9年間に408名（年平均で45名）が無期刑から釈放された。そのうち恩赦、退去強制等により15年未満の服役にとどまった者は7％、15年以上20年未満が65％、20年以上25年未満が18％、25年以上が11％であった。平均的な服役期間は、中央値で17.0年（平均値で18.6年）である。な

お、2002年から2006年までの5年間に恩赦により釈放された者は7名で、その期間に釈放された者の3.7%にとどまる[60]。

これらをまとめると[61]、仮釈放制度の整備により、それ以前の恩赦のみの釈放実務と比べると、釈放までの服役期間[62]は、全体としては、大幅にではないが短くなった（恩赦のみによる時代の20年程度から、最近では17年程度となった）。ただ、平準化が進んでいる。1980年代には、恩赦による釈放がなお無視できない割合を占めていたから、15年未満の服役期間で釈放される者もそれなりに存在した。しかし、最近では仮釈放にほぼ一本化され、より短期間での釈放は稀な例外となっている。

IV 責任重大性条項

1 趣 旨

ドイツの無期刑仮釈放制度の中で、本稿が特にその動向を紹介するのは、仮釈放要件の1つとしての「責任の特別な重大性が、さらなる執行を要請しない」こと[63]（責任重大性条項）である。

この条項が採り入れられたのは、仮釈放要件の内容と、要件を充足する場合に審理機関に裁量を残すか否かの問題がワンセットで考えられたことがきっかけである。すなわち、法案の検討に際して、最短服役期間と再犯予測の良好性の要件を充足する場合に仮釈放「できる」と規定して、裁量を認めることも検討された。しかし、それでは、実務における判断の不統一が回避できないと考えられたことから、要件を充足すれば仮釈放を義務的とする代わりに、実質的基準を全て要件化する方針がとられた[64]。

その具体化としての責任重大性条項[65]の趣旨は、立法者により、次のように説明される。「無期自由刑の言渡しのためには、犯行が

無期自由刑を責任相当と思わせる重さを上回るかだけに着目されるが、様々である責任の重さを、残刑猶予の問題において考慮することは、全くもって可能である」。「責任が特に重い場合、相応により長い服役期間を要求することが適切」であり、「事情によっては……18年、20年あるいはより長い服役期間が考慮されうる」[66]。連邦憲法裁判所も、1986年4月24日の決定[67]において、立法者は、釈放時期に関して当該犯行の不法・責任が考慮されるべきであるという連邦憲法裁判所の考え[68]に従い、「責任原則が……残刑猶予の判断にも妥当すること」を認めたもので、とくに謀殺に対する無期刑の場合、個別具体的な責任の差が宣告刑に反映されないことに配慮したものであると確認している[69]。

2 責任の特別な重大性
(1) 「責任」の意義

責任重大性条項にいう「責任」は、量刑の一般原則（ドイツ刑法46条1項）において刑の量定の基礎とされる責任と同質的なものと理解されている[70]。連邦憲法裁判所は、後述する1992年の決定の中で、「刑の責任相当性の原則が、刑法57条aにより、無期自由刑からの……釈放の要件についても妥当することとされた以上」、本条項にいう「責任の重さもまた、基本的に刑法46条の……基準により量られなければならない」と説明している[71]。

量刑における責任は、いわゆる性格責任や行状責任ではなく、当該の犯罪行為についての責任（行為責任）であると一般に解されている[72]。

責任重大性にいう責任もそれと同じだということを前提に、実務上、前科の警告作用を無視したことは、責任重大性を肯定する理由とされる[73]。例えば、性欲の満足という動機から女生徒を殺害した

謀殺犯人の責任重大性の評価にあたり、その者が強姦罪で2度にわたり長期間服役し、仮釈放中であったという事情を明示的に考慮しないのは違法だとした判例[74]がある。他方で、犯行後に反省を示していないことを理由に責任重大性を肯定するのは許されないとされる[75]。犯行から長期間が経過していることについては、責任重大性を否定する方向での考慮を認めた判例がある[76]。

(2) 「特別な」重大性の意義

責任の「特別な」重大性とは、無期刑を科すべき謀殺罪の責任はそれ自体ですでに重いことを前提に、その中で「特別」に重いことを問題とする概念である[77]。

判例・学説上、特別な重大性の基点、つまり責任が「何との関係で」特別に重いことを問題にするのかが議論された[78]。責任重大性による15年を超える刑の執行の「例外」[79]性を強調すると、謀殺として経験的によく生じる（又は規範的に想定された）通常事例をはっきりと上回っていなければならないという見解も成り立つ。連邦憲法裁判所[80]や連邦通常裁判所の4つの刑事法廷[81]が、そうした見解に親和的な判断を示した。これに対し、連邦通常裁判所刑事第1法廷が、15年は原則ではなくミニマムの執行期間であって、謀殺の場合に前提となるミニマムの責任をはっきりと上回っていれば、責任重大性を認めてよいはずだと考えたため、大法廷の判断が求められた[82]。

連邦通常裁判所刑事大法廷は、1994年11月22日の決定[83]において、刑法57条aの「語義、規定の文脈及び沿革も、何らかの、あるいはいかなる基点が……前提とされるべきかについて、一義的な評価を許さない」[84]として、問題に正面からは答えなかった。本決定によれば、むしろ「概念的な基準に縛られることなく、責任関

連的な事情を探求、評価し……犯行と犯人の人格の総合的評価」を行わなければならない。「その際、責任の特別な重大性の認定が考慮されるのは、重大な事情（Umstände, die Gewicht haben）が存在する場合だけである」。「そうした事情は、例えば、犯行の実行態様ないし動機が特に非難すべきものであること、1個の犯行の被害者が数名であること、数個の謀殺の犯行を行ったこと、あるいは、──謀殺との関係で又は無関係に──他にも重大な犯罪行為を行ったことでありうる」[85]。

　学説は総じて、責任重大性を「重大な事情が存在する」場合に認めるというのは何も言っていないのと同じであるなどとして、批判的である[86]。それに対し、判例に好意的な立場からは、「重大な事情」とは、15年よりも長い執行期間が要請されると思わせるだけの事情をいうのであって、判例の総合的評価の手法は、責任重大性概念の実際的取扱いを容易にするものであるとの評価がなされている[87]。

(3) 併合罪の包括的評価──刑法 57 条 b

　刑法 57 条 b は、「無期自由刑を併合刑として言い渡す場合、責任の特別な重大性……の認定に際しては、個々の犯罪行為を包括的に評価する」と定めている。これは、例えば、3件の謀殺罪を犯した被告人について、各個別の犯行の重さは責任重大性を肯定できる程度に至っていなくても、それらを全体的に捉えた責任の程度に着目して、重大性を認めうるという趣旨である。この規定は、責任重大性条項の実務における主な適用領域をカバーするものと言われている[88]。

　この規定の意義は、ドイツにおける併合罪の科刑ルールと併せて理解する必要がある。ドイツ刑法では、併合罪の科刑にあたり、ま

ず、それを構成する各罪について、量刑の一般原則（46条）に従って刑（「個別刑」）を量定しなければならない。しかる後に、①個別刑がいずれも有期刑である場合、個別刑のうち最も重いものに、個別刑の総和に達しない範囲内で加重することで、併合罪全体に対する刑（「併合刑」）を量定する。②個別刑の少なくとも1つが無期刑である場合、無期刑を併合刑とする[89]。この方式によると、無期刑の選択は、併合罪を構成する数罪の中に、単独で無期刑相当のものがある場合に限られ、数件の謀殺を犯したことは、それ自体としては、宣告刑の重さには反映されないこととなる[90]。もっとも、「犯行を重ねた場合に生じる追加的な不法内容は、全ての特に重大な事案において、……残刑の執行猶予に際して考慮されうる。そこで……併合刑の制度に固有の……総合評価が、併合刑として無期自由刑が科される場合に、刑法57条a1項1文2号〔責任重大性〕との関係で行われなければならない」[91]と考えられたことから、上記ルールが定められたのである[92]。

3 責任重大性の判決裁判所による認定

(1) 1992年連邦憲法裁判所決定

「責任の特別な重大性」は、仮釈放の制限要件（の一部分）である。そこで、立法者としては、責任重大性の存否は、仮釈放審理の時点で執行裁判所により判断されることを、当然に予定していた。

しかし、自ら事実認定をしていない執行裁判所が、15年以上も前の記録のみを頼りに責任の重大性を評価する手続には問題があることが指摘されていたところ[93]、連邦憲法裁判所は、1992年6月3日の決定[94]において、大胆な合憲限定解釈の方法により、「立法者の創設したルールの本質的部分を作り替えてしまった」[95]。一連の手続規定は、「刑法57条a……の責任評価にとり重要な事実が、陪

審裁判所[96]の公判手続で認定され、判決に示され、さらに、判決がそれを基礎として責任……の重大性を評価し、その評価に執行裁判所が拘束される場合にのみ、基本法と整合しうる」[97]としたのである。

連邦憲法裁判所がそうした解釈を行った理由は、要するに、執行裁判所の手続は、謀殺の責任重大性の評価及び前提となる事実認定の場として、様々な悪条件ゆえに相応しくないというものである。すなわち、謀殺罪「の絶対的法定刑ゆえに、〔責任重大性の具体的評価のために〕必要な事実の認定が判決に必ず含まれているわけではない」にもかかわらず、「犯行を自ら公判における直接主義の下で解明したわけではない執行裁判所に、記録の知識のみにより……責任評価のための諸観点を『かき集め』、それらを総合評価へと組み立てることが委ねられる」[98]。「こうした方法で行われる……判断は、法治国家として放棄しえない要請を、もはや保障できない」。「刑執行裁判所は、無期自由刑を言い渡された謀殺犯人の個別的な行為責任を特徴づける客観的及び主観的な事情の認定に特に精通しているわけではない」。「執行裁判所が唯一利用可能な書面上の手続、……有罪判決との大きな時間的隔たり、そして判決……理由は、全ての不利及び有利に考慮される観点の……認定と評価の信頼性について十分な保障を提供するものではない」[99]。それゆえ、責任重大性の判断を「それに相応しくないにもかかわらず、刑執行裁判所の任務とした」立法者の誤りは、一連の手続規定を「陪審裁判所が、責任の特別な重大性をも認定しなければならないというように解釈することによって」是正されなければならない。「立法者が、当該判断になじむ程度（Sachnähe）に応じて、事実審裁判所と執行裁判所の間で管轄権を分配しようとした……システム[100]は、そのようにして維持されるのである」[101]。

こうした解釈の下、判決裁判所は、「謀殺罪を認定し、無期自由刑を言い渡す際には、刑訴法267条[102]に基づいて、当該犯行に伴う、個別的な責任を加重し又は軽減する客観的及び主観的要素の考量の下、刑法57条aの……責任の特別な重大性が存在するか否かを認定しなければならない」[103]。

(2) 責任重大性の認定をめぐる手続

　上記1992年連邦裁判所決定により要求された手続の下、判決裁判所は、謀殺について有罪を認定し、無期刑を言い渡すときは、責任の重大性の存否を検討し、それを肯定する場合、判決主文で示さなければならない[104]。判決主文には、例えば、「被告人を謀殺罪により無期自由刑に処する。被告人の責任は特別に重大である」とだけ記載し[105]、判決理由中でそれに関する認定事実及び評価を説明する。

　責任重大性を否定する場合には、判決理由中での説明のみで足りる[106]。

　責任重大性の存否は、執行裁判所を拘束するがゆえに、「刑の言渡しに影響を持ちえないにもかかわらず、上告[107]の対象となる」[108]。

(3) 責任重大性の認定頻度

　判決裁判所による責任重大性の認定は、形式的には、量刑判断ではなく、仮釈放審理の準備にすぎない[109]。しかし、実質的なインパクトにおいては、一種の「重無期刑」を認定しているかのような様相を呈する[110]。そうすると、その認定の頻度にも関心が寄せられるところである。しかし、最近の教授資格論文[111]によると、残念ながら責任重大性の認定頻度に関する統計は存在しないばかりか、他の統計からの推計も困難とされる。

他のある調査研究[112]によると、連邦通常裁判所が上告審として地方裁判所の責任重大性判断の当否を扱った事件が、2002年から2006年までの5年間で20件あったそうである。第1審が責任重大性を肯定していたのが15件あり、そのうち8件は連邦通常裁判所により破棄されている。第1審が責任重大性を否定していたものが5件あり、そのうち4件は連邦通常裁判所によっても是認されたという。上記期間に言い渡された無期刑の総数478件と対比すると[113]、かなり少ないという印象も受ける。もっとも、第1審で責任重大性が認定され、上告がなく確定する事案の数が不明である以上、上記の件数に大きな意味を持たせることはできない。責任重大性の認定頻度についてイメージを得るには、なお今後の調査研究を待たなければならない。

4　さらなる執行を要請しないこと
(1) 概要——執行裁判所による判断

 責任重大性条項の理解にあたっては、①「責任の特別な重大性」が認められたとしても、直ちに仮釈放が拒否されるわけではないことに注意を要する。当該重大な責任が、仮釈放審理の時点でなお、②「さらなる執行を要請」するかが判断されなければならない。

 前記1992年連邦憲法裁判所決定は、上記①の判断は判決裁判所が行わなければならず、それが執行裁判所を拘束するとした[114]。しかし、上記②の判断については、「執行法的な総合評価を行い……陪審裁判所が認定した責任の特別な重大性が自由刑のさらなる執行を要請するか否かを審査するのは執行裁判所の任務である」[115]と判示している。

 この「執行法的な総合評価」においては、特別に重い責任に応じた無期刑の執行をやめることを、一般の法意識に照らして相当と思

わせるような事情の存否が問われる[116]。具体的な判断[117]に際しては、責任が重ければ重いほど長期の服役が要請されることを前提に、当該仮釈放審理の時点ですでにどれだけ長く服役しているかが、第1次的な要素となる。そして、それに加えて、服役中の受刑者の人格の展開、年齢・心身の状態なども考慮される。従って、大量殺人者でも、非常な高齢に達し、余命がそれほど長くないと認められるがゆえに、あるいは、それ以上の拘禁が心身に過大な悪影響を及ぼす蓋然性ゆえに、さらなる執行はもはや要請されないということもありうる。

もっとも、責任が極端に重い事案では、かなり厳格な判断も行われている。例えば、責任重大性条項の趣旨を確認した前記1986年連邦憲法裁判所決定の事案では、ナチスの強制収容所における54件の謀殺罪により無期刑を宣告され、22年以上拘禁されていた88歳の受刑者の仮釈放が問題となった[118]。同決定は、自由を再び獲得する現実的なチャンスを与えるという見地から、受刑者の年齢を重視すべきことを強調した[119]。しかし、それに先立ち一般論として、「とりわけ責任の重大性が最短服役期間を超えた執行を要請する……場合、無期自由刑が文字通り終身にわたり執行されることも、憲法上、基本的に排除されない」[120]ことを確認しており、事案評価の結論としても、とりわけ謀殺の件数が大量であること及び犯行への関与態様にかんがみ、仮釈放を拒否した原判断は、年齢を考慮してもなお、憲法上支持しうるとしている[121]。

(2) **責任重大性から要請される執行期間の提示義務**

執行裁判所は、責任重大性を理由に釈放を拒否する場合、その観点から——つまり、再犯のおそれや本人の同意の欠如により釈放が拒否される余地は別として——要請される執行期間を示さなければ

ならない[122]。そこで示された見込み期間は、受刑者の状況に重要な変化がない限り、後の仮釈放審理において変更されてはならないとされる[123]。

責任重大性から要請される執行（延長）期間に、形式的な上限はない。しかし、(15年プラス）おおむね数年であって、5年を超えることは比較的稀であるとされる[124]。

もっとも、ここでも責任がきわめて重い事案では、厳しい判断がなされており、合計30年を超えるような服役が「要請」されている[125]。例えば、銀行強盗や店舗強盗等に際しての計5名に対する謀殺罪により、無期刑を言い渡され、すでに28年間拘禁されていた52歳の受刑者の仮釈放を拒否して、責任重大性から合計38年の執行期間が要請されるとした原判断が、連邦憲法裁判所によって是認されている[126]。

V　結びに代えて──日本への示唆と展望

以上、本稿では、ドイツの無期刑の仮釈放に関し、導入の経緯及び現行制度の概要を説明した上で、仮釈放（制限）要件としての「責任重大性条項」の解釈・運用の動向を紹介してきた。結びに代えて、責任重大性条項に関する紹介内容から、日本の議論に示唆を与えうるポイントを指摘しつつ、今後の展望に関し、若干のコメントを加える。

第1に、ドイツでは、無期刑の執行期間に、責任の重大性が反映される──それは量刑責任の延長線上にあり、責任が特に重大な場合の典型例は複数の人を殺害した場合である──という理解は、連邦憲法裁判所、立法者及び裁判実務に共通のものである。責任重大性条項の存在を前提とすれば当然といえるが、連邦憲法裁判所は、

立法以前からそうした理解を示している。立法者も、仮釈放の許否を裁量判断とするかを検討し、それを否定して、実質的基準を全て要件化することとした際に、責任重大性条項を導入したという経緯からして、上記理解を当然視していた。

これに対し、日本では、法定の最短期間の服役を終えさえすれば、仮釈放の許否は責任の重大性を度外視して判断すべきであるという見解も有力に主張されており、立法論としての「より重い無期刑」の導入論に対しても、仮釈放を支える原理との整合性を疑う批判がなされている[127]。この問題についてのサイレントマジョリティがどこにあるのかは明らかでないが、ドイツの状況を、再検討の契機とすべきであろう。もちろん、ドイツの立法・判例でとられている理解がそれ自体正当であるかは問題であるが[128]、筆者自身は、現時点では、支持できるものと考えている[129]。

ただ、そのことを前提とする場合も、日本の無期刑の運用論及び立法論への反映にあたっては、周辺制度における日独の違いを踏まえることが求められる。特に問題となるのは、ドイツでは、謀殺（既遂）罪が認定されればそれだけで原則として無期刑となるから[130]、無期刑が科される事案における責任の重さのばらつきが、かなり広い範囲で生じうることである。語弊をおそれずに言えば、ドイツで無期刑が科される事案の中には、責任が「それほど重くない」ものも、少なからず含まれている。それに対して、日本では、ドイツでは謀殺にあたるような事案においても量刑裁量があり、特に2004年の刑法改正以降は有期刑の上限も十分に高い（30年。ドイツは15年）から、無期刑は、責任がかなり重い事案に限って選択されていることが想定される。このことは、日本では、責任の重さの差異を理由とした執行期間の差別化の必要性がドイツよりは小さいことをうかがわせる一方で、法定の最短服役期間（10年。ドイツは15年）が

いかにも短いという印象を与えよう。そうした法状況では、最短服役期間が空文化してしまうことも致し方ないとも言える。少数事案への適用を念頭に置くべき、死刑代替機能をも果たしうるような「特に重い無期刑」のあり方を検討する前提として、「デフォルトの無期刑」において、責任の重さを理由にどの程度の最短服役期間を要求すべきなのか、現行法に固執せずに、現実的に検討することが必要と思われる[131]。現状では、執行実務に「丸投げ」された状況となっているのであるが、それが望ましい姿でないことは多言を要しない。

　第2に、1992年連邦憲法裁判所決定が、ドイツの立法者の意図に反してまで、責任重大性の判決裁判所による認定を要求した判断は、合憲限定解釈の限界を超えていないかはともかくとして、内容的には納得できる。最短服役期間を超えて刑を執行される理由が、犯行自体の責任の重大性にあるならば、仮釈放の（制限）要件という形式をとっていても、その実質は、行為責任の程度に関する量刑判断である。とすれば、判決裁判所が審理・判断をすべきことは自然な流れであろう。

　日本の現行無期刑の運用との関係では、仮釈放の許否の判断にあたり、日本でも実質的に責任の重大性を考慮しようとする場合、有罪判決段階ではその認定は明示的には行われないのが通例であること[132]が問題視されうる。ドイツの連邦憲法裁判所の判例を日本の運用に単純に適用すれば、責任重大性の認定に関する適正手続からして問題があるということになるかもしれない。しかし、ここでも、日独の周辺制度の違いを踏まえれば、その問題は大きくない。すなわち、ドイツで仮釈放審理段階における責任重大性認定の弊害が大きいと考えられたのは、無期刑のほとんどを占める謀殺罪による有罪判決は、絶対的法定刑ゆえに、量刑判断を原則的に要しないこと

と関係する。すなわち、量刑理由の欠如ゆえに、後から判決文だけ見ても、犯情の詳細がよく分からず、判断に窮するということが起こり得るのである。記録から情報を「かき集めて」責任重大性を再構成するということでは、量刑に関する事実認定を事後的に行っているようなものであり、やはり看過しえないであろう。それに対し、日本では、無期刑は選択刑であり、慎重な量刑審理・判断を経て言い渡され、判決書の量刑理由も詳細に記載されるのが通例である。それにより、事実認定上の適正手続は、すでに相応に確保されていると言ってよいのである[133]。

とはいえ、立法論としてみたとき、現行法のように「特に重い無期刑」と「デフォルトの無期刑」を法文上区別しないことは、仮釈放基準として責任の重大性を考慮すること自体に批判的な見解も多い中では、運用の方向づけとして十分でないように思われる。執行実務への「丸投げ」をできる限り避けるためには、「特に重い無期刑」であるとの判断が、判決において何らかの形で明示される方式がベターであろう。そして、その際、責任重大性条項を仮釈放の（消極的）要件として構成したドイツの行き方には、判断の法的性質をあいまいなものとする点で、高い評価は与えにくい。むしろ——日本の議論ではそちらが恒例であるように[134]——別の刑種（「重無期刑」）として構成してしまった方が、明快であろう。

第 3 に、「特に重い無期刑」のあり方をめぐる立法論的検討においては、具体的事案で、法定の（「デフォルトの無期刑」の）最短服役期間をどの程度上回る執行が要請されるかを、誰がどのタイミングで判断すべきが問題となる。

ドイツの現状における規律は、①判決裁判所において、「責任が特別に重大である」ことだけを言い渡し、②仮釈放審理の段階で、その責任重大性が「さらなる執行を要請」するかを判断し、③それ

を肯定して仮釈放を拒否する場合、責任重大性から——つまり、再犯のおそれ等により仮釈放が拒否される場合は別として——具体的にいつまでの執行が「要請」されるかを示す、というものである。

これに対しては、上記③のような判断が可能なのであれば、すでに判決裁判所において、責任重大性から要請される具体的な最短服役期間を量定し、宣告する方が、方向づけとしてはっきりしており、理想的ではないかとの疑問もあろう。現にドイツの学説でも、そうした解決が提案されている[135]。ただ、ドイツの責任重大性条項にいう「さらなる執行を要請」するかの判断（上記②）は、服役期間だけではなく、服役中の人格の展開や心身の状態などをも考慮して判断すべきものとされるから、要請される具体的期間の提示（上記③）は、服役がある程度進んだ段階でないと難しいという考慮もありうる。この点に関しては、学説等をも参照しつつ、責任の重大性それ自体とは区別される、それに基づく執行継続要請という考慮の内実を明らかにしつつ、望ましい解決を模索しなければならない[136]。

こうして、多くの検討課題を将来に積み残すこととなった。元々無期刑それ自体に対する筆者の関心に端を発する「より重い無期刑」をめぐるドイツの現状報告及びそれを素材とした若干の考察が、死刑論議にも何らかの示唆を与えれば幸いである。

---

1) 用語法について、岡上雅美「終身刑」刑法雑誌52巻3号（2013年）165頁、藤本哲也「無期刑受刑者の仮釈放について考える」罪と罰46巻2号（2009年）39頁以下、森下忠「死刑、終身刑、無期刑」判例時報2013号（2008年）25頁以下など。
2) その基準は、法務省令である社会内処遇規則28条で具体化されている。
3) 岩井宜子「我が国の終身刑論について」刑事法ジャーナル14号（2009年）

5頁参照。
4) 無期刑受刑者の総数は2千名に迫る勢いで増え続けているのに対し、仮釈放者は年にせいぜい数名にとどまる（ちなみに、20〜40年程前の無期刑の年間宣告数は30〜50名前後である）。仮釈放者の数を、刑務所内での死亡者数が大きく上回る。仮釈放される少数の者の服役期間も、30年超が殆どである（法務省HP「無期刑の執行状況及び無期刑受刑者に係る仮釈放の運用状況について」http://www.moj.go.jp/content/000096744.pdf. 八重樫和裕＝江村智禎「無期懲役に仮釈放制度は機能しているか」自由と正義2008年12月号91頁以下も参照）。
5) 一般読者向けの説明として、日本弁護士連合会刑事拘禁制度改革実現本部編著『刑務所のいま』（ぎょうせい、2011年）87頁以下、永田憲史『わかりやすい刑罰のはなし』（関西大学出版部、2012年）111頁以下。
6) ドイツ刑法は、故意殺人を謀殺（211条）と故殺（212条）に二分し、謀殺罪の絶対的法定刑を無期刑とする。謀殺以外にも無期刑を科しうる罪はあるが、実際の言渡しの95％以上は、謀殺既遂による（Vgl. Frieder Dünkel, in: Kindhäuser u. a.（Hrsg.）, Nomoskommentar Strafgesetzbuch, 4. Aufl. Bd. 1, 2013〔以下、NK〕, § 38, Rn. 27）。
7) ドイツ人学者の講演の翻訳として、グンナー・ドゥットゲ（佐川友佳子訳）「終身刑と責任重大性条項（刑法典57条a）」龍谷法学42巻1号（2009年）175頁以下。
8) 現在のドイツでは死刑は論外であって、その代替刑として無期刑を運用しているという自覚は、日常的にはない。もっとも、代替機能を軽視できないことにつき、Gabriele Kett-Straub, Die lebenslange Freiheitsstrafe, 2011, S. 12 ff.
9) 田中開「西ドイツにおける終身自由刑の改革」ジュリスト798号（1983年）54頁以下。
10) その経緯につき、フランツ・シュトレング「死刑制度」本書87頁。
11) 1920年代半ばから1930年代までの年間宣告数は、おおむね、死刑の50〜100件程度に対し、無期刑は数件から十数件にすぎない（田中・前掲注9）56頁表1参照）。
12) 紹介として、山本光英『ドイツ謀殺罪研究』（尚学社、1998年）218頁以下。さらに、小池信太郎「ドイツにおける殺人処罰規定の改革をめぐる議論の動向」川端博ほか編『理論刑法学の探究④』（成文堂、2011年）233頁以下。
13) 1940年代末から60年代にかけての無期刑の年間宣告数は、40〜60件程度である（Vgl. BT-Drucks. 7/1171）。
14) 田中・前掲注9）58頁注27参照。
15) Vgl. BVerfGE 45, 187 (224).
16) 同委員会の位置づけについて、内藤謙『西ドイツ新刑法の成立』（成文堂、

1977 年) 11 頁以下。
17) Vgl. BVerfGE 45, 187 (248).
18) Vgl. BVerfGE 45, 187 (241).
19) Vgl. BVerfGE 45, 187 (239 f.). ドイツ行刑法 2 条 (行刑の任務) は、「自由刑の行刑の中で、受刑者は、将来社会的責任において犯罪行為のない生活を送ることができるようになるべきものである (行刑目的)。自由刑の行刑はまた、さらなる犯罪行為からの社会一般の保護にも資する」と定める。
20) Vgl. BVerfGE 45, 187 (198, 249 f.)
21) BVerfGE 45, 187. 紹介として、田中・前掲注 9) 59–60 頁、日笠完治「終身自由刑と人間の尊厳」ドイツ憲法判例研究会編『ドイツの憲法判例〔第 2 版〕』(信山社、2003 年) 25 頁以下。
22) BVerfGE 45, 187 (229 ff.).
23) BVerfGE 45, 187 (232 ff.).
24) BVerfGE 45, 187 (237 ff.). 連邦憲法裁判所は、2006 年の判例 (BVerfGE 117, 71) の中でも、「最近の研究 (要約として、Weber, Die Abschaffung der lebenslangen Freiheitsstrafe, 1999, S. 88 ff.を参照) もまた、回復不能な精神的又は肉体的な障害が、長年の自由剥奪の必然的帰結であることを証明していない」(Rn. 76) としつつ、再社会化による釈放に向けた処遇行刑を充実させることの重要性及びそのための行刑法上の制度について論じている (Rn. 77 ff.)。
25) BVerfGE 45, 187 (243 ff.).
26) ドイツの仮釈放は、当初、bedingte Entlassung (条件付釈放) と称したが、1969 年の刑法総則改正以降、Aussetzung des Strafrestes (残刑の猶予) の語が用いられている。本稿は、判例・条文の翻訳を除いて、原則として仮釈放の語を用いる。
27) BVerfGE 45, 187 (245 f.).
28) BVerfGE 45, 187 (251).
29) BVerfGE 45, 187 (251).
30) 本判決が無期刑の合憲性を確認したことを契機に、活発だった存廃論議は沈静化した。Vgl. Franz Streng, Strafrechtliche Sanktionen, 3. Aufl. 2012, Rn. 167; NK-Dünkel, § 38, Rn. 30. 近時の違憲・廃止論として、Hartmut-Michael Weber, Die Abschaffung der lebenslangen Freiheitsstrafe, 1999, S. 407 ff.
31) BT-Drucks. 8/3218, S. 1.
32) 立法過程における最短服役期間をめぐる争いに関し、田中・前掲注 9) 60-61 頁参照。
33) BT-Drucks. 9/22.
34) BGBl. Ⅰ 1981, S. 1329.
35) 刑法 57 条は、有期刑の仮釈放の規定である。仮釈放の要件は、原則的に、

①刑期の3分の2（ただし、少なくとも2月）の服役、②社会一般の安全という利益の考慮の下で責任を持ちうること、③本人の同意の3つである。例外的に、初入者で刑期が2年を超えない者について、犯行、人格、行刑中の人格の展開の総合評価により「特別な事情」がある場合、①が修正され、刑期の半分（ただし、6月以上）の服役後に（②③の要件の下で）仮釈放が可能となる。

36) 概観として、小池信太郎「ドイツにおける『終身自由刑』の動向」刑事法ジャーナル14号（2009年）17頁以下。なお、仮釈放を拒否する裁判における理由の内訳は、連邦司法省が公表した1984年のデータでは、責任重大性が46％、再犯のおそれが32％、本人の同意の欠如が22％であった（Vgl. Weber〔前掲注30〕S. 63 f.）。

37) BT-Drucks. 9/22, S. 5.

38) 刑法57条a3項2文による56条bの準用。

39) NK-Dünkel, § 57a, Rn. 41.

40) 刑法56条c準用。

41) NK-Dünkel, § 57a, Rn. 42.

42) 刑法56条d準用。

43) NK-Dünkel, § 57a, Rn. 43. 刑法57条a3項2文は、仮釈放者の服役期間が1年以上の場合、原則的に保護観察に付すという57条2項2文を準用している。

44) 刑法57条a3項1文。なお、有期刑の仮釈放期間は、2年から5年の間で裁判所が決定するが（57条3項1文前段による56条a準用）、無期刑の場合、より短い仮釈放期間は、刑期と相当な関係に立たないという理由で、一律に5年とされた（BT-Drucks. 8/3218, S. 8）。なお、再犯等による取消を回避するために、事後的に7年6月まで延長されうる（57条a3項2文による56条f2項準用）。

45) 刑法56条g準用。

46) 刑訴法462条a1項、裁判所構成法78条a1項1号。

47) 裁判所構成法78条b。なお、有期刑の仮釈放については単独体で判断する。

48) 刑訴法454条1項1文。

49) 同項2文。

50) 同項3文。例外は、服役期間が13年未満の無期刑受刑者の仮釈放を時期尚早として拒否する場合（同項4文2号b）等である。なお、仮釈放が許されるのは15年の服役後であるが、申請自体はそれ以前にも可能である。釈放に向けた準備の見地から、早期の仮釈放決定が望ましいこととされている。

51) BT-Drucks. 8/3218, S. 8.

52) Vgl. BVerfGE 86, 288 (338); NK-Dünkel, § 57a, Rn. 35.

53）　刑訴法454条2項1文1号。
54）　同項2文。
55）　BT-Drucks. 8/3218, S. 9.
56）　刑訴法454条3項1文。
57）　Weber（前掲注30））S. 57 ff.
58）　同センターのHP（http://www.krimz.de/texte.html）からダウンロードできる。本稿執筆時点の最新版として、Axel Dessecker, Lebenslange Freiheitsstrafe und Sicherungsverwahrung, Dauer und Gründe der Beendigung im Jahr 2010, 2012.
59）　Dessecker（前掲注58））S. 18 ff., 52.; NK-Dünkel, § 38, Rn. 35 f., § 57a, Rn. 59 f.
60）　Vgl. Axel Dessecker, Lebenslang Freiheitsstrafe, Sicherungsverwahrung und Unterbringung in einem psychiatrischen Krankenhaus, Dauer und Gründe der Beendigung im Jahr 2006, 2008, S. 60; NK-Dünkel, § 38, Rn. 36.
61）　Vgl. NK-Dünkel, § 38, Rn. 36.
62）　なお、問題とされている服役期間は、無期刑受刑者全体ではなく、釈放された者についてのものであることに注意を要する。
63）　刑法57条a1項2文。
64）　Vgl. BT-Drucks. 8/3218, S. 7.
65）　なお、政府草案では、責任重大性と「法秩序の防衛」が並列的に定められたが、前者だけで十分であるなどの理由で成案とならなかった（田中・前掲注9）61頁注59。詳しくは、Kett-Straub〔前掲注8）〕S. 104 ff.）。
66）　BT-Drucks. 8/3218, S. 7.
67）　BVerfGE 72, 105.
68）　前掲注29）に対応する本文参照。
69）　BVerfGE 72, 105（114）.
70）　Vgl. NK-Dünkel, § 57a, Rn. 8; Streng（前掲注30））Rn. 292.
71）　BVerfGE 86, 288（313）. マーレンホルツ裁判官は、同決定に付した反対意見（340 ff.）の中で、本文の考え方を強く批判している（すでに、BVerfGE 64, 285 ff.）。同裁判官によれば、謀殺に対する責任相当刑は無期刑だというのが刑法211条の立法者の評価であり、無期刑の責任の程度を46条の基準により個別化する余地はない（BVerfGE 86, 288（341））。57条aの責任重大性に46条の基準を適用するのは、量刑と刑の執行を区別する現行法体系——それによれば、責任重大性条項は、刑を変更するものではなく、執行期間を調整するものにすぎない——と整合しない（342 f.）。法定意見は、刑の責任相当性の原則を、犯人に不利に作用させているが、それは刑罰限定原理としての本来の趣旨に反する（345 f.）。
72）　もっとも、行為責任の内容及びそれと量刑責任の関係をめぐっては、理解

は統一されていない（Vgl. NK-Streng, § 46, Rn. 20, 22 ff.）。本稿は、この問題には立ち入らない。

73) Vgl. Karl-Heinz Groß, in: Joecks / Miebach, Münchner Kommentar zum Strafgesetzbuch, 2. Aufl. Bd. 2, 2012（以下、MK）, § 57a, Rn. 19.
74) BGH NStZ 2005, 88.
75) BGH StV 1993, 639; NStZ 2008, 569.
76) BGH NStZ 2006, 505; BeckRS 2008, 07343.
77) 量刑にあたり、「法律上の構成要件の要素となっている事情を考慮してはならない」（刑法46条3項）という二重評価禁止ルールは、57条aの責任評価にも準用される（BGHSt 42, 226 (229)）。従って、謀殺の要件が1つ備わっていることから直ちに責任重大性を認めることはできない。
78) Vgl. NK-Dünkel, § 57a, Rn. 9 f.; Streng（前掲注30)) Rn. 293 f.
79) Vgl. BT-Drucks. 8/3218, S. 7.
80) BVerfGE 86, 288 (314 f.).
81) Vgl. BGHSt 40, 360 (363). 連邦通常裁判所の刑事小法廷（5名の合議体）は5つある。刑事小法廷が法的問題について他の小法廷と異なる判断を望む場合、刑事大法廷（11名の合議体）への回付を行う。
82) Vgl. BGHSt 40, 360 (360, 363 f.).
83) BGHSt 40, 360.
84) BGHSt 40, 360 (367).
85) BGHSt 40, 360 (370).
86) Vgl. NK-Dünkel, § 57a, Rn. 11; MK-Groß, § 57a, Rn. 18.
87) Jutta Hubrach, in: Laufhütte u. a.（Hrsg.）, Strafgesetzbuch Leipziger Kommentar, 12. Aufl. Bd. 3, 2008（以下、LK）, § 57a, Rn. 14.
88) Kett-Straub（前掲注8)) S. 266. Vgl. auch S. 205 ff. ただし、あくまで総合評価であるから、数個の謀殺罪を犯した場合にも、責任重大性が当然に肯定されるわけではない。例えば、各殺害行為の間に時間、場所、状況及び動機の密接関連性がある場合、責任の特別な重大性が否定されることがあるとされている（Vgl. BGHSt 39, 121 (126); NStZ 2003, 146）。
89) 刑法53条、54条。Vgl. Gerhard Schäfer/Günther M. Sander/Gerhard van Gemmeren, Praxis der Strafzumessung, 5. Aufl. 2012, S. 355 ff.
90) これは、併合罪を構成する数罪全体の犯情に照らして死刑や無期刑の当否を判断するわが国の実務（最決平19・3・22刑集61・2・81など参照）と大きく異なる。ドイツでは、謀殺既遂罪を犯せば被害者1名でも原則的に最高刑となるから、「併せて一本」という思考の必要性が、最高刑の選択の際には乏しく、それは執行期間との関係ではじめて問題となるのである。
91) BT-Drucks. 10/2720, S. 10.

92) Vgl. NK-Dünkel, § 57b, Rn. 1 f. 同条は、1986年の刑法改正により導入されたものである。それ以前の不明確な法状況の下での処理について、例えば、Klaus Böhm, NJW 1982, S. 135 ff.
93) Vgl. Streng（前掲注30））Rn. 297.
94) BVerfGE 86, 288. マーレンホルツ裁判官及びヴィンター裁判官が反対意見を付している（340 ff.; 355 ff.）。
95) Bernd-Dieter Meier, Strafrechtliche Sanktionen, 3. Aufl. 2009, S. 87.
96) 地方裁判所における特に重い罪名の事件を扱う刑事部の名称。職業裁判官3名と参審員2名で構成される。最高裁判所事務総局刑事局監修『陪審・参審制度ドイツ編』（司法協会、2000年）7頁参照。
97) BVerfGE 86, 288（315）.
98) BVerfGE 86, 288（316 f.）.
99) BVerfGE 86, 288（319）.
100) BVerfGE 86, 288（318 f.）は、有罪判決後の判断の中で、①受刑者の社会復帰の見込み評価が問題となる仮釈放判断は、それに精通しているべき執行裁判所が（Vgl. BT-Drucks. 7/550, S. 312）、②むしろ犯行関係的な評価が問題となる判断、例えば併合罪関係の事後的発覚の処理は一審裁判所が、それぞれ担当することとされている、という認識を示す。
101) BVerfGE 86, 288（321）.
102) 本決定は項数を特定していないが、同条3項1文は、「刑事判決の理由は、適用される刑罰法規を示し、刑の量定にとり決定的であった事情を述べなければならない」としている。
103) BVerfGE 86, 288（323）.
104) BGHSt 39, 121.
105) LK-Hubrach, § 57a, Rn. 42 の推奨例。
106) BGHR StGB § 57a Abs. 1 Schuldschwere 14.
107) ドイツでは、謀殺を含む重い事件については、地方裁判所（第一審）―連邦通常裁判所（上告審）の二審制がとられている（最高裁判所事務総局刑事局監修・前掲注96）9頁参照）。
108) BVerfGE 86, 288（323 f.）.
109) Vgl. BGHSt 40, 360（366）.
110) Vgl. Streng（前掲注30））Rn. 165. マスメディアによる刑事裁判報道でも、謀殺犯人に対し、無期刑が言い渡されたことだけではなく、責任重大性が認定されたことも併せて伝えられることが多い。
111) Kett-Straub（前掲注8））S. 205.
112) Günter Heine u. a., Alternativ-Entwurf Leben（AE-Leben）, GA 2008, S. 258.
113) Vgl. NK-Dünkel, § 57a, Rn. 52. もとより同じ期間の上告審判決と一審判決

は対象事件を異にするから単純な対比はできない。
114) 従って、判決裁判所が責任重大性を認定していない場合、執行裁判所においてそれを独自に認定して仮釈放を拒否することは許されない。ただし、1992年決定以前の実務の下、判決裁判所が責任重大性を明示的に認定していない場合、執行裁判所は、判決裁判所が認定していた事実のみに依拠して、責任重大性の認定をしてよいという経過措置がとられていた（BVerfGE 86, 288 (324 ff.)）。
115) BVerfGE 86, 288 (323).（傍点箇所は原文イタリック）
116) Walter Stree / Jörg Kinzig, in: Schönke / Schröder, Strafgesetzbuch Kommentar, 28. Aufl. 2010（以下、S/S）, § 57a, Rn. 8.
117) 以下について、MK-Groß, § 57a, Rn. 20; Streng（前掲注30）Rn. 300.
118) BVerfGE 72, 105 (107 ff.).
119) BVerfGE 72, 105 (116). 病衰や余命幾ばくもない（Todesnähe）といえる状況に絞って自由再獲得のチャンスを認めるのでは不十分であると述べている。
120) BVerfGE 72, 105 (116).
121) BVerfGE 72, 105 (118).
122) これは、前記1992年連邦憲法裁判所決定（BVerfGE 86, 288 (331)）によって要求されたルールである。
123) BVerfGE 86, 288 (332). 受刑者に有利な方向での変更には制限がないか、不利な方向での変更はそもそもあってよいかに関し、理解は分かれる（Vgl. MK-Groß, § 57a, Rn. 33; NK-Dünkel, § 57a, Rn. 38; S/S-Stree/Kinzig, § 57a, Rn. 7）。
124) Vgl. MK-Groß, § 57a, Rn. 21; NK-Dünkel, § 57a, Rn. 37; S/S-Stree/Kinzig, § 57a, Rn. 7.
125) Vgl. MK-Groß, § 57a, Rn. 21, Fn. 121, 122.
126) BVerfG NJW 1995, 3244. S/S-Stree/Kinzig, § 57a, Rn. 7 は、「極端な例外事例」とする。
127) 城下裕二「無期刑受刑者の仮釈放をめぐる諸問題」犯罪と非行161号（2009年）17頁以下参照。
128) 例えば、刑罰論的な論拠に立ち入った説明がなされているわけではなく、その点は、学説をフォローする必要がある。また、1992年連邦憲法裁判所決定に付されたマーレンホルツ裁判官の反対意見をはじめとした異説の検討もしなければならない。
129) 小池信太郎「量刑における幅の理論と死刑・無期刑」論究ジュリスト4号（2013年）86頁以下、岡上・前掲注1）167-168頁（日本刑法学会ワークショップにおける小池報告の、同ワークショップオーガナイザーによる要約）参照。
130) 日本刑法66条のような一般的な酌量減軽規定はない。判例（BGHSt 30,

105）は、異常な事情の存在から無期刑が不均衡に重いときは、例外的に有期刑に減軽しうるとする（小池・前掲注12）237頁参照）。しかし、超法規的色彩の強いこの判例法理の適用はきわめて稀にしか行われず、統計上の意義は無視しうるとされている（NK-Dünkel, § 57a, Rn. 55）。とりわけ近年では、謀殺既遂罪における無期刑言渡し率が上昇し、おおむね7〜8割となっている（シュトレング・前掲注10）本書95頁参照）。

131) 岡上・前掲注1）167-168頁（小池報告：原則型の無期刑の最短服役期間を15年程度に延長することを提案）も参照。なお、太田達也「無期刑の仮釈放と法定期間」更生保護学研究3号（2013年）3頁以下は、仮釈放の要件としての最短服役期間を、社会内処遇との連携を前提とした十分な施設内処遇の期間を確保するためのものと捉えた上で、無期刑の最短服役期間を、有期刑との対比や円滑な社会復帰が可能な年齢をも考慮して、15年（再入者の場合は20年）とすることを提案する。しかし、処遇に必要な期間には個人差が強いから、「無期刑を言い渡された者については、最短でも15年や20年（現行法でも10年）の施設内処遇を経た上でなければ社会内処遇につなげられない」と類型的に想定するのは困難ではないだろうか。施設内処遇と社会内処遇の連携のための処遇期間の確保という観点は、短期の有期刑を念頭に置くときは有用であるものの、無期刑や長期の有期刑における最短服役期間の根拠は、少なくとも第1次的には刑事責任の重大性に求めるほかないように思われる。

132) むしろ、無期刑の量刑理由の中で、責任の重大性を理由に仮釈放の制限的運用を求める「処遇意見」を述べることは、学説により批判的に捉えられてきた（城下・前掲注127）17頁以下参照）。

133) 裁判実務としては、無期刑を選択する際、その後の仮釈放審理における利用の可能性をも踏まえて、責任の内容・程度が具体的に伝わるような審理・判決を心掛けるべきである（小池・前掲注129）88頁参照）。

134) 例えば、椎橋隆幸「最近の終身刑の論議をめぐって」『刑事訴訟法の理論的展開』（信山社、2010年）421頁。

135) Vgl. Gunnar Duttge, Zur Problematik der Schuldschwereklausel des § 57a StGB, FS-Eisenberg, 2009, S. 282 f.; Arthur Kreuzer, Notwendigkeit der Reform des Tötungsstrafrechts und der „AE-Leben", in: FS-Schöch, 2010, S. 510; Benjamin Steinhilber, Mord und Lebenslang, 2011, S. 263.

136) 日本では、浅田和茂「刑法全面改正の課題と展望」『三井誠先生古稀祝賀論文集』（有斐閣、2012年）17-18頁が、「仮釈放に必要な服役期間を10年・20年・30年に分け、無期自由刑の宣告にあたって同時にそのいずれに当たるかを言い渡す」制度を提案している（日本弁護士連合会「『量刑制度を考える超党派の会の刑法等の一部を改正する法律案（終身刑導入関係）』に対する意

見書」〔2008年11月18日付〕18頁も参照)。これは、判決裁判所が行為責任に応じて大きな方向づけをし、仮釈放機関において受刑状況等をみて調整をすることを可能とする、1つのバランスのとれた解決と評価できよう。

第 7 章

ドイツにおける
被害者支援活動

ペトラ・ホーン
(翻訳：堀田晶子)

> ＊本章は、2012年10月18日に慶應義塾大学で行われたシンポジウム「死刑制度と被害者支援について考える」において、ペトラ・ホーン氏が行った講演の翻訳である。

I 現実その1

2000年から2009年にかけて、ドイツでは暴力犯罪で亡くなった0歳から30歳の子どもや青少年・若年者の数が、毎年150人に上っています。ドイツの「失った子と兄弟姉妹の死を悼む会」は、子どもを失った家族のための支援団体です。2011年だけでも、亡くなった約20,000人の子どもたちの家族である65,000人を支援しました。これには、暴力犯罪で亡くなった被害者の数が含まれています。

II 現実その2

ドイツ連邦共和国においては、1949年5月23日付の法律によって、死刑は廃止されました（基本法102条）。東ドイツで法律的に死刑が廃止されたのは、1987年7月17日です。この極刑が廃止されてから、すでに長い年月が経っています。

ドイツの暴力犯罪被害者の支援に関する法律上の根拠は、2009年7月29日の第二次被害者保護改正法です。この法律には、次のように規定されています。

> 被害者は可能な限り早い段階で一定の書面によって、かつ、できる限り当事者が理解し得る言語で、彼らの権利、特に法律支援、訴訟費用扶助、財産法上の請求権、生活扶助に関する請求権、並びに、

暴力保護法に基づく加害者への命令を申し立てる権利について知らされなければならない。被害者は、精神的・社会的な付添いや相談といった被害者支援団体の支援を受ける権利を有する（刑事訴訟法406条 h 要約）。

次に実務の現状についてお話します。悲惨な事件の直後から、被害者とその家族への支援は始まります。事件の知らせは、まず警察官など公権力の側から、司牧者や紛争介入チームの協力を得てもたらされます。その後、被害者支援団体の住所や支援サービスを記した書面が、被害者やその家族に対して個人的に手渡されます。

ドイツには、被害者支援を担う数多くの支援団体が存在します。それらの団体が一体となって協力し合う理想的なネットワークが存在するケースもあります。たとえば、次のような団体です。
- 紛争介入チーム（地域的）
- 緊急事態における精神的支援を担う教会と、その関連の社会奉仕団体
-「ANUAS e.V.」謀殺・故殺・自殺および行方不明事件の家族に対する支援組織
-「白い環」犯罪被害者への支援および犯罪の予防を行う非営利団体
- 子どもの死と向き合う「失った子と兄弟姉妹の死を悼む会」

これらの団体の活動を支えているのは基本的に名誉職の方々ですので、財政面は支援に頼らざるを得ません。事件に遭遇した被害者は動揺し、大抵そこから支援活動が始まります。本日、私は「失った子と兄弟姉妹の死を悼む会」の会長として、皆様の前で講演していますが、我々もそのような支援団体のひとつです。我々は近々、創立15周年を迎え、これまでの30年の歩みを振り返ります。我々

の会のルーツは、アメリカにおける「憐みの友の会（TCF）」の活動です。

　支援サービスの内容は、事件直後の援助や付添い、役所等への対応、法律支援、マスメディアからの保護、場合によっては、引っ越しやその他の必要事項にあたっての援助、継続的な精神的支援、さらに、被害者の深い悲しみに寄り添うことです。

　被害者の動揺の態様は実に様々ですが、早期かつ集中的に援助するためには、団体間で緊密に連絡を取り合い、一丸となって協力し合うことが不可欠です。

　被害者支援団体は、次のような境遇に陥った被害者を支援します。
－DV
－いじめ
－交通事故
－医療事故
－暴力犯罪、殺人
－死因不明の事件

　暴力犯罪における被害者支援活動の内容として、支援団体は即座に、次のようなサービスを提供します。
－情報提供
－法律的な手続を行う際の援助
－記録の閲覧にあたっての援助
－精神的支援
－申請書など様々な書類を作成する際の援助

　また支援団体は、次のような被害者の要求に応えます。

- 損害の補償
- 自主的な鑑定
- マスメディアとの接し方、場合によっては、低俗なマスメディアからの保護
- 被害者の身元の保護

そして支援団体は、次のような支援を継続的に行います。
- 深い悲しみに寄り添うこと
- 心の重荷を取り除くために対話すること
- 自助グループ
- 家族に対する援助
- 電話、書面ないし対面による個人的な相談（匿名も含む）
- 暴力行為の防止に向けた援助
- 本人の持てる力に応じた克服作業
- 喪失感や量刑に対する不満を乗り越えるための援助

　ドイツの被害者支援団体は、大抵、不幸な事件を機に生じた公益ないし慈善団体です。支援団体は、税制上の優遇措置を受けており、名誉職の働き手がほとんどです。団体の活動資金は、寄付金や裁判所を通じて受け取る過料のほか、プロジェクトのために申請した資金です。一部には、健康保険組合を通じて自助的に賄っている団体もあります。これらの資金は、たとえば支援者の専門教育や悲しみを克服するためのセミナー、啓蒙活動、建設的な克服作業、家族や子どもたちの自由時間などのプロジェクトに使われています。
　寄付金や資金調達の如何は、社会の目にも左右されやすいロビー活動次第です。こうした状況を改善するには、信じがたいほど懸命な努力が必要ですし、豊かな発想力や人脈はもちろん、団体相互間の確固たるネットワークが不可欠です。私が皆様にお話していること

は、長らくドイツの被害者支援団体で働いた経験に基づいています。

　被害者支援団体は、事件に関わる様々な情報の収集を行い、被害者とその家族の生活が確実に再建されるための努力を惜しみません。その努力とは、何年にも及ぶ信頼関係に基づいた支援と寄添いです。被害者とその家族に寄り添うことは、本人の持てる力に応じたものでなければなりません。それはつまり、被害者とその家族自らの力を呼び起こすものでなければならない、ということです。それはまた、喪失と共に別の人生が始まり、その運命を受け入れ、その中から平安を見出すといったような一貫して解決に向かうものでなければならないのです。

　支援者や付添人は、深い感情移入能力と共に確かな知識をも有する訓練された人材です。被害経験がある者も少なくないため、自らの体験に基づいた支援は、信憑性も高いのです。

Ⅲ　事例1

　グードルーン・G夫人の息子シュテッフェンは、自宅から350km先で殺害された。警察官は、救急担当の司牧者と共に、G夫人を探し出し、最悪の知らせを伝えた。G夫人は、その後24時間、司牧者と紛争介入チームの援助を受けた。1時間後、警察官は「白い環」の住所を伝えて、G夫人の家を去った。

　その翌日、「白い環」の職員がG夫人を訪れ、その後の経過を伝えた。カウンセラーの援助を受けられることも伝えたが、夫人はそれを断った。さらなる支援サービスとして、自助グループと接触できることを伝えたところ、G夫人はそれを受け入れた。

　加害者が逮捕されたので、その手続の間中、この自助グループがG夫人に付き添った。彼女は弁護士の援助を受けると共に、付添人

の精神的支援を受けた。

　判決（15年の自由刑）の後も7年間、G夫人はこの自助グループの支援を受けた。

Ⅳ　個人的な体験

　我々が取り扱った被害者遺族の事例は、被害体験というものが、遺族にとってどれだけトラウマになるかを物語っています。

　そもそも支援者を困難にさせるのは、寄る辺のない社会です。なぜなら、死というものは、どのような形にせよ、社会の中でタブーとして扱われるからです。事件はすぐさま忘れ去られ、遺族は支援団体を頼ることになります。こうした支援の道のりは、気が遠くなるほど長いものです。ドイツには、すでに申し上げた通り、死刑がありません。そのため多くの被害者遺族にとって、加害者に対する量刑は軽く思えるのです。遺族の心は不安定になり、深い悲しみの中で、それが後に撤回されるように望みます。彼らは途方もない苦しみの中で、次のような気持ちを吐露します。

- あらゆるものに対する怒り
- 自分よりうまくいっているように見えるすべての人々に対する妬みと憎しみ
- 加害者に対する非難、場合によっては、何かを見過ごしていた自分自身に対する非難
- 死は恥、不名誉だという意識、我が身に降りかかった出来事を自分への罰と考える

　ドイツには死刑が存在しないため、最も重い自由刑を要求する声は切実です。被害者遺族はしばらくの間、報復のために戦い、目には目を、歯には歯をと訴えます。報復こそ正義だと考えるのです。

あらゆるネガティブな発想は、深い悲しみに付きものです。こうした深い悲しみを経験しなければ、病気になってしまいます。

しばらくすると、遺族は未だ加害者への復讐心を残しながらも、加害者の死が、自分自身の痛みや苦しみを乗り越えるために何の解決にもならないことを、理解し始めます。たとえ加害者が死んでも、愛する者は戻ってこないのです。

非常にゆっくりと、遺族の心の中には、恭順や思慮といった人間らしい意識が戻ってきます。宗教や信仰といったものも、加害者への量刑を受け入れるためには実に大切です。自分の子どもたちを殺された親が、犯人を許した例すらあります。あるいは、加害者自身にも同様に親がいること、加害者の死が新たな責任の擦り合いや自己非難を生むという理解にも繋がるかもしれません。こうした特にセンシティブな問題がもたらすのは、唯一のコンセンサスです。悲惨な事件を回避するためには、前もって予防するしかないということです。

V　事例2

ドイツの町エアフルトとヴィンネンデンでは、それぞれ2002年と2009年に、学校の生徒による殺人事件が起きました。加害少年は、同級生や教師を殺害後、自殺しました。加害少年の死は、いずれかの事件において、何らかの形で被害者遺族を満足させ、心の平安をもたらしたでしょうか。いいえ、いずれの事件においても、加害少年が死んだことで満足した被害者遺族は、一人もいませんでした。遺族の痛みと悲しみは、今もなお強烈です。

一方、加害者側の立場をおもんぱかる声は乏しいものです。殺人者にも親や家族がおり、彼らは事件後に周囲から軽蔑され、疎外さ

れます。加害者の家族もまた、深い悲しみの中で、事件のことを恥じています。

VI 総 括

- 暴力行為を予防すること
- 我々が知った「解放する」という言葉の意味。それは喪失を受け入れながら、愛する者の居場所を残すこと

　さて、最後は世界的な支援の輪についてお話し、希望の光と共に、本講演を終えたいと思います。すでに申し上げた通り、ドイツの「失った子と兄弟姉妹の死を悼む会」のルーツは、アメリカ合衆国の「憐れみの友の会」です。「憐れみの友の会」では、「世界中にろうそくの灯を」という活動を立ち上げ、その協力者は年々増え続けています。どのような活動かと申しますと、毎年同じ日——12月の第2日曜日——の、同じ時刻——午後7時——に、亡くなった被害者のために、その遺族と友人（協力者）が、窓際でろうそくの火を灯すのです。地球は回っていますので、その時間帯には、次々にあたたかな光の輪が生まれます。東京で午後7時にろうそくの火を灯せば、1時間後にはモスクワで、私たちの住むライプチヒでは8時間後に、ニューヨークの憐みの友の会では13時間後に火が灯り、光の輪は地球全体を覆います。ドイツの「失った子と兄弟姉妹の死を悼む会」においても、15周年を記念して、まだ駆出しではありますが、これと似たような運動を立ち上げました。亡くなった子どもたちのために、遺族がインターネット上で光源（Lichtpunkt）となる小さなバッジを購入します。すると、インターネットの地図上で彼らの住む場所が明るく照らし出され、その後も輝き続けるのです。

第 8 章

被害者支援と死刑

太田 達也

I　公費による経済的支援

　宮澤浩一先生や大谷實先生等によって進められてきた被害者学の研究[1]は、まず1980年の犯罪被害者等給付金支給法（現在の名称は、「犯罪被害者等給付金の支給等による犯罪被害者等の支援に関する法律」）となって結実している[2]。

　日本の犯給制度は、社会連帯共助の精神に基づく犯罪被害者の早期回復のための支援金として位置付けられ、比較的重大な犯罪被害を受けた被害者に対し被害当時の被害者の収入と被害の程度に応じて（遺族給付金と障害給付金）一時金を支給するものである（重傷病給付金のみ医療費自己負担分の支給）。

　制度発足後、何度か制度の改正が行われ、特に2004年の犯罪被害者等基本法や翌年の犯罪被害者等基本計画の制定後、要件の緩和や支給額の大幅な見直しが行われ[3]、支給実績も上がっている[4]。しかし、制度の根本的改革を望む声もあり、現在、内閣府において制度改革に向けた検討が行われている。ただ、現行制度と異なる仕組みとなると、アメリカやフランスのような損失補塡の制度やドイツのような年金制度ということになろうが[5]、損失補塡方式でも逸失利益まで完全に補塡する例はなく、被害者が負担した費用の一部に限って損失を補塡するものであれば却って支給額が些少となるし、犯給法立法時に議論されたように犯罪者の賠償責任との関係が問題となる。年金的な制度にしても、障害者年金など他の公的給付との調整が問題であるうえ、遺族年金となれば、いつまで支給すべきかという難しい問題がある。

　日本の犯給制度は支給最高額も支給実績も比較的高額であり、これをすべて廃止して新たな制度を作るより、現在の制度を維持しつ

つ、現在支給の対象にならない心理療法やその他被害者の必須経費を償還する新たな給付金を創設し[6]、支給額も定期的に見直していくことの方が望ましいように思われる。海外で犯罪被害を受けた邦人への適用や損害賠償との調整の是非など以前から積み残されている課題も検討を要する[7]。

財源については、国（警察庁）の一般予算で賄われており、日本には、アメリカや韓国のように、犯罪者が納付する特別賦課金（special assessment）や追加罰金（fine surcharge）、又は通常の罰金の一部を原資とする犯罪被害者基金のような制度はない。こうした制度の導入については、2006年から行われた内閣府での検討会において否定的な見解が示されたが、その理由の中には余り説得力が感じられないものもある[8]。財源としての安定性や使途範囲など検討すべき課題は多いが、財政難の折、日本でも、罰金や作業報奨金などを原資とする被害者基金が検討されてよい。

II 刑事手続における損害回復

2007年のいわゆる犯罪被害者保護法の改正（改正後の名称は、「犯罪被害者等の権利利益の保護を図るための刑事手続に付随する措置に関する法律」）により、付帯私訴系統の制度でありながら、これとも異なる損害賠償命令申立制度が導入された。実務では5,000万円を超えるような高額の認容判決もかなり出されているほか、殺人や傷害、強盗致死傷だけでなく、性犯罪被害者による申立ても多く見られ[9]、迅速かつ被害者に負担の少ない損害回復制度として一定の成果を上げていると評価できる。

しかし、損害賠償の確定判決が得られても、実際の支払が行われているかはかなり疑問である。やはり、犯罪者自身による損害賠償

にはどうしても犯罪者の資力という限界を伴う。そこで、国が犯罪者に代わって被害者にまず損害賠償を立替払いし、しかる後に国が犯罪者に求償する制度を設けるべきだとの意見が被害者等から示されることがある[10]。これは、被害者の訴訟負担の軽減や被害者の身上秘匿からの要請でもある。

しかし、国が損害賠償の立替払いをするとなると、資力の乏しい犯罪者から取り立てるようなことを国が長期間に亘ってしなければならなくなるし、重大事件の場合、犯罪者は刑事施設に長期受刑することになるので、殆ど実効性が期待できない。また、犯罪者の不法行為に限って国が損害賠償の立替えをしなければならない根拠が必要となるし、対象事件をどこで線引きするかという問題もある。現在の犯給制度も給付額の限度において受給者の損害賠償請求権を国が取得することになっており、その意味で立替払い的な要素がないわけではないが、求償権を実際に行使したのは2件にとどまる。求償権を積極的に行使しているスウェーデンや台湾でも実効性が上っていないようであるし[11]、被告人に対し損害賠償命令（刑事裁判）が言い渡される場合、その支払対象に被害者補償裁定機関を含めるといった、仕組みが異なるアメリカでも同様の限界がある[12]。

Ⅲ　被害者への情報提供

犯罪被害者への情報提供としては、1996年に導入された警察の被害者連絡制度や1999年に統一的な制度として発足した検察庁の被害者等通知制度のほか、2000年に成立した、いわゆる犯罪被害者保護法や改正少年法による公判記録及び審判記録の閲覧・謄写制度も被害者への情報提供に資する制度である。さらに、犯罪被害者保護法による公判の優先傍聴制度や、少年の健全育成（特に要保護

性の認定への影響)との関連で論議があったものの、2008年の少年法改正で導入された少年審判傍聴制度も、被害者への情報提供制度として意味あるものである[13]。

犯罪者のプライバシー保護や社会復帰優先の観点から情報提供への抵抗が強く見られたのが、自由刑や保護処分の執行状況、特に刑事施設や少年院における処遇、仮釈放や仮退院、保護観察に関する情報提供であった[14]。しかし、刑の執行終了予定日や(仮)釈放日の事後的な通知は2001年の被害者等通知制度の改正で可能となり、再被害防止対策の一環として、再被害のおそれがある場合の釈放等の警察への通報や被害者への教示も同年に設けられた。しかし、2007年に仮釈放意見聴取制度を導入することとなったため、同年、仮釈放や仮退院の審査開始や決定、仮釈放日、刑事施設や少年院での処遇状況、保護観察の状況などについても被害者へ情報提供する制度が実現した。

これにより刑や保護処分の執行段階における被害者への情報提供制度はかなり整備され、毎年1万件を超える情報提供が行われているが[15]、情報提供の対象となる処遇状況は優遇措置や段階処遇の等級など形式的な内容に限定されているので、将来は、被害者からの情報提供ニーズが高い、加害者の更生に関わる実質的な内容まで拡大する必要がある。

なお死刑と関連して、死刑執行の事実やさらには執行予定の通知を求める声が被害者遺族等から上がることがある[16]。アメリカでは、死刑執行日が裁判所で決定される場合は一般に死刑執行予定を知ることができるほか、被害者に死刑執行予定の情報提供を行っている州があるが、これは死刑執行の傍聴が被害者に認められていることとの関係である。日本の場合、被害者への通知以前の問題として、死刑確定者自身やその親族に対する死刑執行予定の告知がなされて

いないことから、その是非も併せて検討しなければならない問題である。しかし、他の情報提供同様、被害者が報道などからしか情報を得られないという事態は望ましいものではなく、少なくとも死刑執行の事実については法務省の方から被害者の方へ通知すべきであろう。

Ⅳ 刑事手続への参加

1 被害者意見陳述制度

職権主義構造を採るドイツでは従来より私人訴追や公訴参加といった被害者が直接公訴や公判に参加する制度が認められているのに対し、当事者主義を採るアメリカでは、1980年代以降、特にペイン対テネシー事件[17]において合憲判断が出されてから、被害者衝撃陳述（Victim Impact Statement: VIS）が被害者参加の中心的役割を果たしてきている。日本でも、2000年の刑事訴訟法と少年法の改正により被害者の意見陳述制度と少年保護手続における意見聴取の制度が導入され、一時はこうした制度が量刑に与える影響を懸念する向きもあったが、近年は毎年1,700人以上の被害者により意見陳述が行われ[18]、制度として定着している。

2 被害者参加制度

さらに、日本でもドイツの公訴参加のような制度を設けるべきであるとの主張が被害者団体等から積極的に展開され、2004年の犯罪被害者等基本法に被害者による刑事手続への参加の機会を拡充する旨の規定が置かれたこともあり、2007年に被害者参加制度が導入されるに至った。

日本の被害者参加制度は、証拠調請求権や質問権、上訴権（但し、

量刑不当を理由とする場合は不可）のあるドイツの公訴参加制度と異なり[19]、被害者参加人に認められているのは情状に関する反対尋問や意見陳述のための被告人質問など比較的緩やかな権限に限られる。それでも、検察官とのやり取りを通じて被害者参加人の疑問の解消に役立ったり、要望が満たされることがある一方、被告人質問では被害者ならではの質問がなされ、情状の立証に役立ったケースや被告人が被害者の苦悩や遺族の心情を理解するのに役立ったと思われるケースが報告されるなど一定の成果を上げている[20]。当初、一部の論者によって批判されたような、過度な応報感情が法廷に持ち込まれ事実認定に悪い影響が出るとか、被害者参加人等による証人尋問や被告人質問によって被告人の防御に支障を来すといった事態は生じていない[21]。

但し、個々の事案では、検察官とのやり取りが上手くいかず、被害者参加人に不満の残る場合があることには留意する必要があるし、法廷での被告人の態度に被害者参加人が却って傷つくなど[22]、被害者にも一定のリスクや限界のある制度であることは十分に説明しておく必要がある。

なお、被害者参加人による証人尋問については、情状だけではなく、犯罪事実に関する事項についても認めるべきであるとの被害者の主張もあるが[23]、検察官の立証の内容や方向性と食い違う場合、検察官の立証活動や訴訟進行にマイナスの影響を及ぼしかねず、被告人側の防御権の行使にも支障が生ずる可能性があることから、消極に解する。

また、現在は公判前整理手続に被害者参加人が出席することは認められていないため、検察官との打ち合わせなどを通じて間接的に関わっていくこととなる。しかし、被害者参加弁護士が出席を認められるケースもあり[24]、公判前整理手続に被害者参加弁護士の参加

を正式に認めるべきとの意見もあることから[25]、今後、検討を要する。

被害者参加人のための国選弁護の資力要件は、さらに緩和する方向で検討すべきである。

3 親告罪

強姦罪など一部の性犯罪が親告罪となっていることが、犯人の刑事責任を追及するうえでの妨げになることがある一方、厳しい選択を迫られる被害者にも負担をかけている。そもそも、被害者の名誉やプライバシー保護が性犯罪における親告罪の目的であるならば[26]、訴追や公判における被害者の保護が徹底されれば、親告罪である必要はなくなることになる。また、強姦致死傷罪や集団強姦罪が非親告罪となっているのも矛盾であるし、これらは重大犯罪ゆえ被害者のプライバシー保護より犯罪対策を優先するという理由であれば、強姦罪はそうではないのかということになりかねない。刑事手続における被害者の名誉やプライバシー保護は、犯罪者の訴追とは別に関係機関が最大限果たさなければならない当然の責務であって、被害者に選択権を与えることでこれを為したとするのは適当ではない。性犯罪の非親告罪化を図るべきである[27][28]。

4 仮釈放意見聴取制度

従来、刑や処分の執行段階は犯罪者の改善更生や社会復帰のための過程という発想が強かったことから、被害者支援とは関係がないとされ、被害者関連の施策が導入されたのは刑事手続の他の段階よりかなり遅れてのことであった。まず、2001年頃より徐々に実施されていた被害者の視点を取り入れた処遇が2005年の刑事収容施設法により改善指導の一つとして（R4）導入され、さらに2007年

の改正犯罪者予防更生法と、続く更生保護法には仮釈放意見陳述制度と被害者心情伝達制度が法定されたが[29]、後者のような刑や処分の執行段階における被害者参加制度には問題も多い。

まず、仮釈放意見聴取制度は、仮釈放に際して意見を述べたいという被害者の心情に配慮するとともに、被害者の心情や仮釈放に関する意見を判断材料の一つとすることで、より適正な仮釈放審理を実現することを目的として導入された。しかしながら、重大事件の被害者は仮釈放に反対するのが普通であり、施行後の実務でもそうした状況にある。しかし、被害者感情は仮釈放許可基準の一要素に過ぎないため[30]、わざわざ仮釈放に関する意見を聴取することにしておきながら、そして被害者がどれだけ仮釈放に異議を唱えようが、仮釈放の申出が棄却されることは殆どない。もし仮に被害者の意見を尊重して仮釈放を許可しないことにすれば、重大事件の受刑者は殆どが満期釈放となって、釈放後の指導も監督もできないことになり、却って再犯の危険性が高まってしまう。

実務では、仮釈放の（反対）意見聴取を申し出た被害者の方に対し、仮釈放の意義を説き、理解を求めるようなことさえ行われている。結局のところ、被害者の意見をわざわざ聴取しながら、結果として殆ど仮釈放を許可している現状では、被害者に不満だけが残りかねない[31]。仮釈放か再犯かというジレンマに被害者を直面させるこうした制度が、被害者にとって真の利益であるか疑問なしとしない[32]。刑や処分の執行段階の意見聴取は、仮釈放や仮退院の許否に関する意見ではなく、保護観察や特別遵守事項についての被害者の意見を聞く機会とすべきであり、さらには、仮釈放や仮退院という刑や処分の執行における最後の段階ではなく、刑や処分の執行の初期の段階で行い、矯正処遇においても被害者の心情や意見を参考にすることができるような制度とするのが望ましい。

5　被害者心情伝達制度

　被害者心情伝達制度は、犯罪者が仮釈放や執行猶予などで保護観察になった場合に、被害者からの申出により、その心情等を保護観察官が録取し、保護観察対象者に伝達する制度である。公判での意見陳述は裁判所に対して陳述するものであって、被告人に対して語りかけるものではない。これに対し、心情伝達制度は、被害者が蒙った被害の程度や影響、犯罪者への思いや要求を、間接的ながら、犯罪者に伝達するものである。これによって、被害者の心情充足を図るとともに、被害者の本当の気持ちを理解させることで、犯罪者の「真の更生」と再犯防止を図ることを目的とする。

　しかし、被害者の辛く厳しい心情を、保護観察を受け始めたばかりの犯罪者にぶつけることになるため、実務では、犯罪者が却って被害者に反発したり、逆に希望を失ったりする例が見られる。法律上は録取や伝達の相当性判断ができることになっているが、被害者感情が厳しいという理由だけで不相当とすることは、制度の趣旨を否定することにもなり、適当でない（し、実務でも行われていない）。犯罪者を絶望させたり、逆切れさせたりせずに再犯防止を図りつつ、被害者の生の声を犯罪者に伝えるための微妙かつ適切な制度運営が求められている[33]。

　また、心情伝達が仮釈放後の保護観察対象者の心に響き難くなっている一つの原因は、長い刑事施設での収容期間を経ていることも関係している。対象者にしてみれば、折角、長い受刑生活を終え、「罪を償った」つもりでいたところに被害者の心情を伝達されるわけであるから、「なぜ今更」ということになっているのである。一方、受刑者が満期釈放となってしまうと、心情伝達を行うことは一切叶わない。そうしたことから、受刑者が刑事施設に収容されている段階から心情伝達を行うことができる仕組みを設けるべきであ

る[34]。

　さらに言えば、被害者の心情を犯罪者に伝達する仕組みは当の犯罪者が自由刑を受けた場合に限る必要はないはずである。特に、極めて重大な事件で、死刑を言い渡される場合には、現在の心情伝達制度の適用はなく、死刑が執行されれば、被害者の心情は宙に浮いたままとなってしまう。私見では、死刑確定者に対しても被害者の心情を伝える機会を設けるべきであると考える。保護観察（や自由刑）の場合における心情伝達と異なり、死刑確定者の場合、「処遇」という名目が立ちにくいが、死刑確定者だからといって、処遇をしてはいけないという理屈はないであろう[35]。但し、その運用にあたっては、死刑確定者が自暴自棄になったり、自殺したりしないよう、特別の配慮が必要であることは言うまでもない。

V　被害者感情と死刑

　死刑の存廃を巡っては、従来、抑止効、特別予防（消極的・積極的特別予防）、誤判、罪刑の均衡、国民感情、被害者感情などの観点から議論されてきている。しかし、これらの根拠は、いずれも存置論、廃止論双方からの主張が可能であり、決定打となり得ない。思うに、刑罰としての死刑の存廃は、最終的には高度な政策的判断によるしかないであろう。

　それでも、被害者の感情だけは、理屈の問題ではないだけに、第三者がこれを勝手に忖度したり、意見したりすることができない、ある意味絶対的なものである。そのため、これまでは、死刑存置派から被害者感情が持ち出された途端、批判も躊躇され、死刑の是非を巡る論議はそこで止まってしまうのが常であった。これに対し、被害者は必ずしも死刑を望んでいないとか、赦しの境地に達する被

害者もいるとし、死刑廃止論の立場から反論が試みられることもあるが、特定の被害者の見解を一般化したり、被害者の苦しい複雑な気持ちを単純化ないし矮小化したりすることは、被害者に対する冒瀆であると筆者は考えている。

　しかし、その一方で、被害者感情を死刑制度という国家の刑罰制度や司法制度の在り方に直接反映させる考え方にも疑問をもっている。極めて凄惨な事件を目の当たりにすると、被害者の苦悩を察せずにはいられないし、死刑が現行法としてある以上、死刑相当という事案もあるであろう。しかし、将来の立法論として、被害者感情を理由に死刑を正当化することはやはり適当でないと考えている。その理由は以下の通りである。

　被害者感情を死刑存置の根拠とする不都合さは、殺人や強盗殺人といった重大事件の場合には余り感じられない。しかし、問題は、被害者感情を刑罰の正当化根拠とする構造自体にある。もし、被害者感情が峻厳であるような犯罪に対して死刑が相当だというのであれば、殺人や強盗殺人以外の重大犯罪にも死刑を法定し、これを科さなければならないことになるはずであるが、例えば、強姦罪や強姦致傷罪には死刑が法定されていない。つまり、被害者感情を考え殺人には死刑が相当だというのなら、これもまた想像を絶する被害を受けている強姦被害者の被害者感情は、死刑をもって臨むほど大したものではないということになりはしないであろうか。15年以下の懲役が法定刑である傷害罪の事件の中にも、被害者を植物状態にするような重大事件もある。にもかかわらず、「傷害罪など被害者が生きているからよいではないか」「傷害罪など大した被害でない」等といった理由で死刑を法定する必要はないとするのは、被害者の苦痛や苦悩を勝手に矮小化していることに他ならない。つまり死刑に関して、被害者感情を考えろ、被害者の気持ちを大切にとい

う主張ほど、実はいちばん被害者感情を蔑にすることになっているのである。筆者は、殺人や強盗殺人の被害者の方々の感情を過小評価しているのでは全くなく、死刑が被害者の感情を満たしているという言説が、実は、多くの被害者の感情を無視するに等しいことになっていることを危惧するのである。

そうしたことからも、被害者感情を「制度論としての」死刑の正当化根拠とするということには、被害者支援の立場からも支持されないものと考える。刑事司法との関係では、先ほど触れたような情報提供や被害者参加制度などを通じて最大限の支援を行い、その結果として被害者の心情安定に少しでも寄与することが重要である。

しかし、気をつけなければならないことは、被害者支援は、被害者の個人の尊厳や基本的人権保障の要請から国や自治体が行うべき当然の責務であり施策であって、死刑廃止に向かう前提として被害者感情を融和するために行うものではないということである。もし後者のようなことになれば、被害者支援が被害者に死刑廃止を認めさせる手段に堕してしまう。死刑を廃止するかどうかにかかわらず、我々は、被害者が刑事手続において必要な情報提供を受けることができたり、適切な手続参加の機会を得たりするができるような公正かつ適正な刑事司法を実現し、国民からも被害者からも信頼される司法制度を構築していかなければならないのである。死刑の存廃は、その先にある問題である。

Ⅵ 現行法制度としての死刑の再検討

シンポジウムで筆者に課せられたテーマは被害者支援の現状と死刑との関係について報告することであったが、本書では死刑制度そのものについても若干の卑見を述べることにしたい。

従来、死刑を巡る議論は、死刑を存続させるか廃止するかの存廃論に集中してきた。しかし、現行法に死刑制度が定められている以上、制度の存廃だけでなく、「現行法制度としての」死刑の在り方についても検討しなければならない。死刑の存廃を論ずることなく、死刑の制度設計や執行について議論しようとすると、死刑存置派であるかのように誤解する向きがあるが、そうではない。死刑制度を存置するか廃止するかの結論を短期間に出せるようであれば、存廃論を中心に議論すればよいであろうが、一国の刑罰制度、殊に極めて重大な罪を犯した者の生命を奪う刑罰を肯定するかどうかは、刑事司法制度の根幹に関わる重大な問題であり、すぐに結論が出せるような類の問題でない。ましてや、国民の8割以上が「場合によっては死刑もやむを得ない」と考えており[36]、政府もそれを死刑制度の正当化根拠の一つとしている状況下で、直ちに事態が動くとは思えない。存置か廃止かは別として、現行の死刑制度や運用にも様々な問題があるのであり、当面、法制度として死刑が維持されることが見込まれる以上、そうした現行の問題を検討し、適切な措置を取っていく必要があるのである。そこで以下では、死刑の現行制度及び運用の問題として、死刑の執行方法と執行時期の問題について検討することとする。

Ⅶ　死刑の執行方法——薬物注射導入の提案

1　絞首刑の妥当性
　我が国は、新律綱領[37]や旧刑法以来、死刑の執行方法として絞首を採用する（刑法第11条1項）。世界的にも見ても、死刑を存置・執行している国では、日本を始め、インド、マレーシア、シンガポール、北朝鮮、エジプトなど、絞首を採用する国が銃殺と並んでもっ

とも多い[38]。しかし、問題は法制度としての絞首刑の妥当性である。我が国の最高裁は絞首による死刑の執行は憲法の禁ずる残虐な刑罰に当たらないと判示しているが[39]、残虐かどうかにかかわらず、絞首という方法が現代の法制度として適切かどうかは疑問である。本人の苦痛や恐怖が想像を絶するということのみならず、執行する側にも大きな負担がかかる[40]。執行の失敗という可能性も皆無ではない[41]。

　これに対し、被害者遺族の感情からすれば、最愛の家族が殺害されていった苦しみや無念に比べれば絞首による執行の苦痛などいか程のものかという反論はあろう。しかし、この点については、第Ⅴ節で指摘した被害者感情と死刑の問題と同様に考えるべきである。すなわち、被害者の感情は、ある意味、絶対的なもので、これを他の感情と比較したり、批判したりすることは、被害者の尊厳を踏みにじるものとして許されないというべきである。しかし、そうであるがゆえに、この被害者感情を根拠に制度の在り方を論じ始めると、他のすべての理屈を否定することにもなりかねない。死刑制度の存在そのものもそうであるが、死刑の執行方法についても同様である。被害者がこれほどの苦しみを味わっているのであるから、どのような死刑の執行方法でも構わないといったように、残虐な刑罰の禁止という人類が過去の凄惨な歴史から学んだ教訓と法原理さえ否定しかねないのである。

2　薬物注射による死刑執行の状況

　死刑の執行方法として絞首が適当でないとすると、現在、考えられる代替策は薬物注射による執行である。現在、薬物注射による死刑の執行が採られている国は、アメリカ、中国、タイ、台湾などである[42]。世界的に見て死刑の執行数が多いアメリカは[43]、19世紀

半ばまでは絞首刑が一般的であり、19世紀末からはニューヨーク州を始め電気処刑を導入する州が増えたが、現在、絞首刑（3州）、電気処刑（8州）、銃殺刑（2州）を採用している州は僅かで、殆どの州が1977年にオクラホマ州が初めて導入した薬物注射による執行のみか、薬物注射と他の執行方法の選択となっている（図1)[44]。2種類の死刑執行方法が法定されている州では、死刑確定者が死刑の執行方法を選択することができる州が多いが、アリゾナ州、アーカンサス州、テネシー州、ユタ州のように犯行時または裁判時によって執行方法が決まる州や、オクラホマ州やケンタッキー州のように薬物注射が違憲とされた場合に他の執行方法を認める州もある[45]。しかし、実際の執行者数からいっても、薬物注射がこの30年余りの死刑執行者数の86％を占めており（図2）、アメリカでは死刑執行と言えば薬物注射といっても過言ではない。

3　薬物注射の薬剤を巡る問題

アメリカの場合、薬物注射による死刑執行は、2009年頃までチオペンタールナトリウム、臭化パンクロニウム、塩化カリウムの3種類の薬剤を順次注射する方法で行うのが一般的であった。チオペンタールナトリウムは全身麻酔等に用いられるバルビツール系鎮静麻酔薬であり、これにより死刑確定者を睡眠状態にした後で、呼吸を停止させる作用をもつ筋弛緩剤の臭化パンクロニウムを投与し、最後に心筋の収縮を刺激する電気信号を阻害する塩化カリウムによって心拍停止を誘導する。これらの薬剤を死刑確定者の身体に複数確保した静脈カテーテルから遠隔操作等で順次投与する方法を取る。この手順による薬剤投与が適切に行われれば、本人に不必要な苦痛を与えずに執行を行うことができるとされている。

しかし、2008年、Baze and Bowling v. Rees事件において、絞首

図1 アメリカ各州の死刑執行方法（2011年時点）

	薬物注射	電気	ガス	絞首	銃殺
計	37	8	3	3	2
Federal	■				
Alabama	■	■			
Arizona a	■		■		
Arkansas b	■	■			
California	■				
Colorado	■				
Connecticut*	■				
Delaware c	■			■	
Florida	■	■			
Georgia	■				
Idaho	■				
Indiana	■				
Kansas	■				
Kentucky d	■	■			
Louisiana	■				
Maryland*	■				
Mississippi	■				
Missouri	■		■		
Montana	■				
Nebraska	■				
Nevada	■				
New Hampshire e	■			■	
New Mexico f*	■				
New York#	■				
North Carolina	■				
Ohio	■				
Oklahoma g	■	■			■
Oregon	■				
Pennsylvania	■				
South Carolina	■	■			
South Dakota	■				
Tennessee h	■	■			
Texas	■				
Utah i	■				■
Virginia	■	■			
Washington	■			■	
Wyoming j	■		■		

出典　U.S. Department of Justice, Bureau of Justice Statistics, Capital Punishment, 2011-Statistical Tables (2013).

a　1992.11.15以後の死刑判決は薬物注射のみ。それ以前は薬物注射又はガスによる執行。
b　1983.7.4以後の犯罪に対しては薬物注射のみ。それ以前は薬物注射又は電気による執行。
c　薬物注射が裁判所により違憲とされた場合には絞首による執行。
d　1998.3.31以後の死刑判決は薬物注射のみ。それ以前は薬物注射又は電気による執行。
e　薬物注射が実施できない場合にのみ絞首による執行。
f　2009.7.1以前の犯罪に対してのみ薬物注射による執行。
g　薬物注射が裁判所により違憲とされた場合には電気による執行とし、薬物注射も電気も共に違憲とされた場合には銃殺による執行。
h　1998.12.31以後の犯罪に対しては薬物注射のみ。それ以前は権利放棄により電気による執行。
i　薬物注射が裁判所により違憲とされた場合には銃殺による執行とし、2004.3.3以前に銃殺による執行を選択した者は、依然としてその方法による執行を受ける資格を有する。
j　薬物注射が裁判所により違憲とされた場合にはガスによる執行。

著者注＊　Connecticut（2012）, New Mexico（2009）, Maryland（2013）は死刑廃止。
著者注#　2004年に州控訴裁判所の違憲判決。2007年に死刑確定者の減刑。以後、死刑が実施可能な法律もなし。

図2 アメリカ各州の死刑執行人員（1977-2011年）

	計	薬物注射	電気	ガス	絞首	銃殺
総　数	1,277	1,103	157	11	3	3
Federal	3	3	0	0	0	0
Alabama	55	31	24	0	0	0
Arizona	28	26	0	2	0	0
Arkansas	27	26	1	0	0	0
California	13	11	0	2	0	0
Colorado	1	1	0	0	0	0
Connecticut	1	1	0	0	0	0
Delaware	15	14	0	0	1	0
Florida	71	27	44	0	0	0
Georgia	52	29	23	0	0	0
Idaho	2	2	0	0	0	0
Illinois	12	12	0	0	0	0
Indiana	20	17	3	0	0	0
Kentucky	3	2	1	0	0	0
Louisiana	28	8	20	0	0	0
Maryland	5	5	0	0	0	0
Mississippi	15	11	0	4	0	0
Missouri	68	68	0	0	0	0
Montana	3	3	0	0	0	0
Nebraska	3	0	3	0	0	0
Nevada	12	11	0	1	0	0
New Mexico	1	1	0	0	0	0
North Carolina	43	41	0	2	0	0
Ohio	46	46	0	0	0	0
Oklahoma	96	96	0	0	0	0
Oregon	2	2	0	0	0	0
Pennsylvania	3	3	0	0	0	0
South Carolina	43	36	7	0	0	0
South Dakota	1	1	0	0	0	0
Tennessee	6	5	1	0	0	0
Texas	477	477	0	0	0	0
Utah	7	4	0	0	0	3
Virginia	109	79	30	0	0	0
Washington	5	3	0	0	2	0
Wyoming	1	1	0	0	0	0

出典　U.S. Department of Justice, Bureau of Justice Statistics, Capital Punishment, 2011-Statistical Tables（2013）.

1972年の Furman v. Georgia, 408 U.S. 238（1972）の死刑違憲判決によって幾つかの州の死刑規定を無効としたため、執行が一時停止された。1977年に、連邦最高裁は、Gregg v. Georgia, 428 U.S. 153（1976）において、幾つかの州の法改正により、違憲とされた争点が解消されたと判示し、死刑の執行が再開された。

刑に比べて本人への苦痛や負担が軽いとされてきた薬物注射による死刑執行に対しても、3種類の薬剤を順次投与する方法が憲法の禁止する残虐な刑罰に当たるかが争われることとなった。ケンタッキー州で殺人により死刑が確定した2人が同州の薬物注射による死刑執行手続が適正に行われない場合、特に最初の薬剤であるチオペンタールナトリウムが適切に投与されないまま、以下の薬剤が投与されると深刻な苦痛を死刑確定者に与える不必要なリスクがあり、違憲であるとして訴えを提起したのである。ケンタッキー州最高裁の合憲判決に続き、連邦最高裁ではサーシオレーライ（裁量上告）を受理したが、残虐で異常な刑罰というためには、執行方法に深刻な苦痛を与える実質的又は客観的に容認し得ないリスクがなければならず、代替策を採らないことが第8修正違反となるには、代替策が実現可能で、容易に実施でき、実際に重大な苦痛の実体的なリスクを著しく低減させる場合に限るとして、合憲の判断を示した[46]。

もっとも、当のケンタッキー州でも、1998年3月31日の法改正で、それまでの電気処刑に換えて薬物注射による死刑執行に改めた際、万が一、裁判所がこの死刑の執行方法を違憲と判断した場合には、法改正以前の規定による方法によって死刑の執行を行うとの規定を設けている[47]。新しい死刑の執行方法が違憲とされることによる死刑執行の停止を避けるための法技術的な対策であろうが、少なくとも電気処刑よりも本人への苦痛や負担が少ないと思われる薬物注射による死刑執行についても、当初より違憲とされる可能性を想定しているのは不思議である[48]。

さらに、アメリカでも、近年、死刑執行に用いる薬剤に関して著しい変遷がある[49]。オハイオ州は、2009年にチオペンタールナトリウム1剤による死刑執行に変更し[50]、さらにオクラホマ州が、2010年、同じくバルビツール系鎮静麻酔薬であるペンタバルビター

ルを含む3種類の薬剤を死刑執行に初めて用いることとしたが[51]、この薬剤が動物実験の麻酔や動物の安楽死等に用いられることから、批判を呼ぶこととなった。しかし、チオペンタールナトリウムの供給量が減ったため、2011年頃からはペンタバルビタールを含む3剤を用いる州が増え、同年にはオハイオ州がペンタバルビタール1剤による死刑執行に変更している。2012年頃からは、このペンタバルビタール1剤による方法が死刑執行の一般的な方法となっている[52]。

こうした薬剤の変更は、死刑執行に用いられる薬剤を製造販売する製薬会社が、自社の薬剤が死刑執行に用いられることに抗議し、製造や供給を制限するなどしたことが背景にある。オハイオ州は、2009年にチオペンタールナトリウム1剤による死刑執行に変更したが、同薬を製造する製薬会社が死刑執行への利用に異議を申し立て、製造を中止したため、供給が不足し、そのため同州では、2011年にペンタバルビタール1剤に変更したものの、今度は同薬の製薬会社が死刑執行への利用を取りやめるよう要請している[53]。そのため、オハイオ州では、現在、ミダゾロムとヒドロモルフォンの調合剤を第2の方法に指定している[54]。確かに、製薬会社としてみれば、本来、「医療」のために開発・製造している自社の医薬品が死刑執行に用いられるとなれば、自社の企業イメージや株価に悪い影響があると考えるのは当然であろう[55]。このように、薬物注射による死刑執行は、他の死刑執行方法と異なり、一般の医療に用いる薬剤を用いることから、企業や市場の事情により、結果として、薬剤が不足し、死刑の執行が遅延するなどの影響が出るという問題がある。

4 執行方法を巡るその他の問題

このほか、薬物注射による死刑執行の際、静脈の確保に困難を伴

う場合があり、オハイオ州では、2009 年、2 時間に亘り 18 回の静脈注射に失敗したため、執行を延期するという事故が発生している[56]。同州が、その後、薬物注射による死刑の執行を致死量の麻酔剤 1 種類の投与（静脈注射又は筋肉注射）に変更したのも、そうした事故を受けてのことであった。

　この問題は、誰が死刑確定者に薬剤を投与するかという問題とも関係している。先の Baze and Bowling v. Rees 事件で問題となったケンタッキー州では、静脈の確保は瀉血や救急医療技術者などのパラメディカルが行い、医師は立ち会うものの、法律上、死刑執行そのものに関与してはいけないこととなっている[57]。こうした規定がない場合でも、職業倫理上、医師が死刑執行を行うことには問題があり、アメリカ医師会も医師が死刑執行に関わるべきでないとの意見を表明している[58]。日本の刑事施設にも矯正医官が勤務しているが、医師である以上、薬物注射による死刑を導入した場合、同様の問題が生じよう。だからといって、静脈注射は誰でも行うことができるわけでなく、どうしても医療関係者が行わざるを得ない。日本の刑事施設では、刑務官に対し准看護師の養成を行っていることから、投薬担当者として考えられるのは刑務官としての准看護士であろうか。現在の絞首刑同様、この場合でも刑務官に死刑執行の負担を負わせてしまうが、これも死刑を存置することによる不可避な問題である。

　このように薬物注射による死刑執行には数々の問題が残されていることも事実である。従来、医学は人の命を助けるために発展を遂げてきたわけであるから、人の命を奪うための方法が未発達なことは、ある意味、当然のことである。大阪パチンコ店放火殺人及び殺人未遂被告事件に対する控訴審判決では、「事前に予測できない要因などによって例外的な経過が生じること」は、「薬物注射など他

の死刑の執行方法においても」あり得るとしている[59]。しかし、当該控訴審判決が、続いて、現在の絞首刑の執行方法は、「昭和 25 年から平成 22 年までの間、全国の執行施設において合計 571 回に亘り安定的、継続的に刑の執行が行われており、相応の実績が積み重ねられている」としているように、死刑の存置を前提とした場合、薬物注射による執行の場合も同様の実績を積み上げていくしかない。

さらに、当該事件の第一審判決では、「死刑は、そもそも受刑者の意に反して、その生命を奪うことによって罪を償わせる制度である。受刑者に精神的・肉体的苦痛を与え、ある程度のむごたらしさを伴うことは避けがた」く、「執行に伴う多少の精神的・肉体的苦痛は当然甘受すべき」であって、「医療のように対象者の精神的・肉体的苦痛を極限まで和らげ、それを必要最小限のものにとどめることまで要求されないことは明らかである」として、暗に薬物注射による死刑執行を引き合いに出して、それが憲法の要求するところではないことを示唆している[60]。合憲という結論については妥当であろうが、だからと言って、同判決も認める通り、絞首刑が最善の方法とは思えない。死刑を当面存続させるのであれば、薬物注射による執行に改正することを検討すべきである。

ただ、こうしたより苦痛の少ない死刑執行への改正を提案すると、残虐性を根拠とした廃止論が展開しにくくなるため、死刑反対派から、却って死刑を恒久化することになりかねないという批判が出るかもしれない。しかし、死刑を廃止するという目的のために、敢えて絞首刑を維持し、死刑の問題性をアピールすることは、現在の死刑確定者を死刑廃止のための手段として用いることにもなりかねず、賛成しかねる。あくまで、現在の法制度として何が相応しいかという基準で考えるべきである。

VIII 死刑の執行時期と対象者選定基準

1 判決確定日から執行命令までの法定期間の趣旨

　刑罰を言い渡す裁判が確定した場合、直ちに執行力が生じるが、死刑の執行については、法律上、法務大臣の命令が必要とされている（刑訴法第475条1項）。これは、「死刑がその言渡しを受けた者の生命を絶つ極めて重大な刑罰であり、一度執行されるとこれを回復することができなくなることから、その執行に際して特に慎重な態度で臨む必要があることによると」とされている[61]。

　そして、その法務大臣の命令は、判決確定から6箇月以内にしなければならないものとされている（同2項本文）。しかし、この6箇月という期間には、上訴権回復若しくは再審の請求、非常上告又は恩赦の出願若しくは申出がされ、その手続が終了するまでの期間等及び共同被告人であった者に対する判決が確定するまでの期間は算入しないとされており（同2項但書）、実際にも再審請求や恩赦の出願を繰り返す死刑確定者がいることから、確定から6箇月といっても、実際にはかなりの長期に至ることもある。

　そもそも、この6箇月という期間の趣旨であるが、従来、死刑確定者に不当に長く死への恐怖を継続させないためとする説[62]や司法権の作用に対する行政権の恣意的な行使を抑制するためとする説[63]が唱えられてきた。しかし、恐怖の軽減や確定判決の尊重だけということであれば、執行は早ければ早いほどよいということになるため、一定の制限期間をとる根拠にはなり難い。また、旧刑事訴訟法の時代に法務大臣が容易に執行命令を出さなかったという歴史的経緯はあるものの、法務大臣が当初から職務である死刑執行命令を躊躇したり、恣意的に運用する可能性を前提としているのも余り妥当

でない(ただ、過去の法務大臣の中には、個人の信条や立場から死刑執行命令を行わなかった者もいる)。思うに、この6箇月という期間は、死刑の執行に法務大臣の執行命令という制度を設ける以上、執行に必要な事前の調査・検討には一定の期間を要することと、確定判決は早期に執行されなければならないという要請との均衡を図るため政策的に定めた期間と捉えるのが妥当であろう。裁判例にも、「死刑という重大な刑罰の執行に慎重な上にも慎重を期すべき要請と、確定判決を適正かつ迅速に執行すべき要請とを調和する観点から、法務大臣に対し、死刑判決に対する十分な検討を行い、管下の執行関係機関に死刑執行の準備をさせるために必要な期間として、6か月という一応の期限を設定し、その期間内に死刑執行を命ずるべき職務上の義務を課したもの」とするものがあり[64]、執行する法務省もそうした立場を採っている[65]。

いずれにしても、この規定は「それに反したからといって特に違法の問題の生じない規定、すなわち法的拘束力のない訓示規定であると解するのが相当である」から、再審請求や恩赦出願等の審理期間を除外したうえで6箇月を超過しても違法とはならない[66]。

2 死刑確定者の拘置期間

そして実際に、判決の確定から死刑の執行までの期間は相当長期に及んでいる。法務省が公表したところによると、平成15年から平成24年までの10年間に死刑が執行された者の判決確定からの平均期間は約5年7箇月である[67]。しかし、これは死刑の執行が行われた者についての期間である。死刑の執行を待つ死刑確定者の拘置期間は、平成24年8月27日の時点で、半年未満の者が1人、半年以上1年未満の者が14人、1年以上5年未満の者が47人、5年以上10年未満の者が38人、10年以上20年未満の者が17人、20年

以上30年未満の者が10人、30年以上が4人となっている[68]。計131人のうち約4分の1弱が10年以上死刑の執行を待っていることになる。この期間には、判決確定後、法務省の関係部局が判決及び確定記録の内容を調査し、刑の執行停止、再審、非常上告の事由あるいは恩赦を相当とする情状の有無等について検討する期間というのが含まれていようが、それだけで5年や10年もかかるはずがないので、恐らくは再審請求や恩赦出願に基づく手続によって拘置期間が長くなっていると考えられる。この中に、もしそうした再審請求等の手続や本人の事情（心神喪失）によらず拘置が長期化しているケースがあるとすれば、本人に過度な精神的苦痛を与えるものとなっている可能性がある[69]。

　反対に、本人が再審請求や恩赦出願を繰り返す結果、死刑の執行が困難となっている場合があるとすれば、冤罪の救済という観点から仕方がない面があるとはいえ、法の運用として妥当なものかどうか疑問なしとしない。執行までの拘置期間にどの程度再審請求や恩赦出願等の審理期間が含まれているかについては、統計もなく定かでない。ただ、法務省刑事局長の国会答弁によると、平成9年から平成18年までに死刑が執行された30人について、判決確定から死刑執行までの平均期間が約7年11箇月であるのに対し、再審請求等の事由がない者については約4年3箇月であるということである。大雑把にいって約半分になっていることから、再審請求の手続等で死刑の執行がかなり先送りになっている様子が窺える。

　勿論、刑事訴訟法第475条2項但書は再審請求手続等の期間を6箇月に算入しないというだけで、再審請求等そのものが死刑執行の停止効を有するわけではなく、その間も死刑の執行は可能である[70]。政府も、再審請求中や恩赦出願中でも死刑の執行があり得ることを明言している[71]。ただ、過去に死刑事件の再審無罪事件もあること

から、万が一を考えて、執行には慎重にならざるを得ないのが現実である。そうなると、再審請求と次の再審請求ないし恩赦出願との僅かな間隙に死刑執行をしなければならないことにもなるが、帝銀事件の死刑確定者の場合においてもそうであったように、短期間にさっと死刑の執行を行うことは手続や準備の都合上容易ではない。

　平成24年までの10年間の死刑執行までの平均期間は約5年7箇月であるが、平成25年に入ってから執行された8人は、約18年5箇月という1人を除き、殆どがこの平均期間より短いことから、執行までの平均期間は短くなる傾向にある。ということは、確定後、比較的早期に執行される者と長期間拘置される者の差がますます拡大しつつあるということである。死刑判決が確定してから20年以上執行されないまま、拘置されている死刑確定者がどのような事情によるのか、またどのような心身の状況にあるのか知る由もないが、どのような事情であれ、死刑確定者が20年や30年も執行されず、拘置され続けているのは法や正義の要請に適っているとはとても思われない。これは、死刑を廃止するか存置するかとは別の、法制度や法の運用としての問題である。

　また、それほどまでに長期間、死刑の執行が行われないと、被害者の遺族等が他界するなどして、死刑の執行を見届けることができない場合も多く出てくるものと思われる。若しくは、いつまでも犯人に対する刑の執行が行われないと、遺族にとっては、いつまでもいつまでも事件が「終結」せず、次への一歩を踏み出せないまま、思いを引きずることになる。死刑判決の確定や死刑の執行が、被害者遺族にとっては、単なる一つの通過点に過ぎないとしても、その通過点さえ通過できないのである。

3 死刑執行対象者の選定

次に、執行対象者の選定基準、言い換えれば死刑の執行順序の問題がある。本来、刑は確定後直ちに順次執行されていくものであるが、死刑の場合、法務大臣の執行命令制度や死刑確定者による再審請求等があることによって、判決の確定順に死刑の執行が行われるとは限らない。先に示した拘置期間の長さからも、執行順序の逆転が相当起きていることがわかる。さらに、近年の死刑執行は、確定からの期間が従来より短くなっている。例えば、平成25年4月と12月に死刑の執行が行われた死刑確定者の2人はそれぞれ判決確定から執行まで1年4箇月[72]、同年9月に執行された死刑確定者は執行まで1年6箇月であった[73]。平成24年までの10年間の平均期間は約5年7箇月であるから、相当のスピード執行である。

こうした死刑の執行時期については、判決確定日、刑事責任の重大性、再審請求・恩赦出願の有無、判決確定前の本人上訴の有無、被害者感情、死刑確定者の年齢・心身の状況、冤罪の可能性[74]等の要素を考慮したうえで、適正な判断が行われていると信ずるほかないが、内情を知ることができない一般国民の目から見ると、どのような事情がどのように考慮された上での執行か全く推測することすらできず、ここまで死刑の執行がブラックボックスでよいかどうかは疑問がないでもない。特に、近年、死刑の執行がされたケースからは、外見上、一定の要素が特に評価されているのではないかと疑いたくなるものもある。例えば、近年、判決確定から極めて短期間で執行された事案では、本人が上訴を望まなかったり、取り下げたりしたケースが目立つ。平成25年2月に死刑が執行された土浦殺人・傷害事件の死刑確定者は、判決確定から約3年1箇月での執行となったが、そもそも自殺に代えての死刑願望の下に行われた犯行であり[75]、本人も自ら控訴を取り下げて死刑が確定したという経緯

がある[76]。同じく平成25年2月に死刑が執行された奈良の女児誘拐殺人事件の死刑確定者は[77]、判決確定から約6年1箇月での執行ではあったが、やはり本人が控訴を取り下げている。また、医療観察法制定の契機となった池田小学校殺人事件の死刑確定者は[78]、確定から約1年6箇月余りの執行であったが、裁判では控訴を取り下げている[79]。

再審請求等の有無については、平成25年12月の死刑執行の実施に際し法務大臣が公表したところによると、同執行後に拘置されている129人の死刑確定者のうち、再審請求中の者が85人、恩赦出願中の者が26人（重複を含む）となっている[80]。つまり、死刑確定者の7割から8割程度が再審請求ないし恩赦出願中であるということになる。

上訴せず、再審請求等もしないという場合、冤罪の可能性が（殆ど）なく、本人も罪を深く反省し、潔く刑に服する態度の表れであるとすれば、死刑の執行を行いやすいということは否定できない。しかし、そうなると、真に罪を悔いている者ばかりが早期に執行され、反省もせず、ただ命を長らえるために再審請求等を繰り返している者が執行を長期に亘って免れるという不公平かつ不正な結果にもなりかねない。反対に、土浦殺人・傷害事件のように、自殺（死刑）願望がある者が、たとえ「結果的に」せよ、早期に執行されるとなれば、国がまんまと自殺の幇助をさせられている感すら出かねない。同事件の弁護を担当した弁護士でさえ、「死にたくて死刑を選んだ人にご褒美を与えたという感じがする」と述懐している[81]。被害者遺族の中にも、死刑は肯定しながらも、執行を少し先延ばしにして反省する機会を与えた方がよいとする声がある[82]。以上のことからしても、上訴の有無等を過大評価することは許されないであろう。

一方、多くの被害者を出した事件の場合に判決確定から極めて早期に執行される場合があり、これについては、被害者や社会の厳しい感情を考慮したからだとする見解がある[83]。死刑執行者の選定に際して、実際にどれだけ被害者の人数を含む刑事責任の重大性や被害者感情を考慮しているのかは定かではない。しかし、我が国では、人の生命を奪う事案の中でも極めて重大なものに対してしか死刑を科していないことから、どの事案においても被害者感情には、当然、極めて厳しいものがある。その中で一部の死刑確定者に対しては被害者感情を特に考慮して早期に執行しているとなれば、執行を長々と待つ死刑確定者の事件の被害者が「後回し」にされているという意識をもちかねない。死刑執行対象者の選定に際し、被害者感情を考慮するということがあるとすれば、妥当ではない。

　法務省は、死刑を執行した者の選定について個別の事情や選定基準は一切公表しない方針を採っている。そうした基準を示せば、現在、執行を待っている死刑確定者に執行時期や順序の目星がついてしまい、本人の精神的動揺や現場の混乱を招きかねないという懸念もあるのであろう。しかし、死刑の執行が全くのブラックボックスのままでよいとは思われない。政府が死刑制度を存置する方針を採る以上、こうした死刑を巡る難しい問題に対してもきちんと対応する義務があると思われる。

Ⅸ　裁判員と死刑

　裁判員制度が施行されてから平成 25 年 9 月までに裁判員裁判によって 20 人に対し死刑判決が言い渡されている[84]。死刑求刑事件を含めれば、これより多くの裁判において裁判員が死刑適用の是非を検討したことになる[85]。死刑求刑事件の審理では裁判員にかかる

精神的・時間的負担が大きく、実際に死刑を宣告する場合には尚更である。裁判員裁判による初の死刑判決を宣告した裁判において[86]、裁判長が被告人に対し控訴を勧めたことから、裁判員裁判の在り方が問題とされる一方、裁判員が死刑求刑事件の審理において極めて重い精神的負担を負っていることが改めて浮き彫りとなっている[87]。さらには、強盗殺人被告事件において死刑判決を言い渡した裁判[88]に裁判員として関わった女性が、殺害現場のカラー写真を見たり、被害者の最後の肉声テープを聴いたことなどにより、急性ストレス障害を負ったとして、国を相手取って損害賠償訴訟を提起するに至っている[89]。こうした裁判員の負担は死刑事件に限られないが、特に死刑事件は犯情が極めて重いことから、凄惨な犯行方法や被害者の人数など、裁判員が審理においてより大きな精神的負担を負う可能性がある。被害者学的には、裁判員裁判の被害とも言うべきものであろう。

　こうした事態に対し、裁判員に対する精神面でのサポートとして、臨床心理士や精神保健福祉士が無料で裁判員経験者からの電話やメール相談に応ずる裁判員メンタルヘルスサポート窓口が設置されており、平成25年5月末までに241件の相談が行われている[90]。相談件数のうち1位が「精神的に辛い」の32％で、続いて「話を聞いてほしい」31％、「不安がありアドバイスがほしい」18％、「ストレスを感じる」2％、「その他」17％となっている。さらに、裁判員経験者は、委託業者の相談室や提携先のメンタルクリニック、カウンセリングルーム217箇所において臨床心理士や医師等による無料の面接カウンセリングを受けることができるが、平成25年4月末までに22件の利用があり、うち治療が必要な可能性があるとして医療機関を紹介したケースも2年間で4件あったとされている[91]。

また、最高裁は、平成 25 年 4 月、全国の地裁に対し証拠の遺体写真を白黒にすることを呼びかける文書を通知し、平成 25 年 8 月からは、裁判員に精神的負担のかかるおそれのある遺体写真等の証拠を公判前整理手続において検察官が請求してきた場合、立証に写真等が不可欠かどうか、またイラスト等で代替するかを検討し、裁判員の選任手続においても候補者に対し遺体写真等が証拠として提出されることを説明し、候補者が精神的負担を訴える場合、政令 6 号による辞退も柔軟に認めるとの運用を東京地裁で始め、全国の地裁にも参考にするよう通知している[92]。

　確かに、裁判員の精神的負担軽減のため、ある程度、証拠の加工や制限はやむを得ない面もある。最終的には、立証内容と当該証拠の必要性、想定される裁判員への精神的負担の大きさ、被害者の心情等を考慮して、証拠の扱いを決めることになろう。しかし、余りに証拠の加工や制限が行き過ぎると、犯罪や犯罪被害の「現実」を覆い隠すことにも繋がりかねず、適正な事実認定や量刑判断を行ううえでの制約にもなりかねない。ある傷害致死事件では、被告人等が被害者に暴行を加える映像が大幅にカットされ、主犯格の暴行シーンが数分から数十秒に短縮されたという[93]。

　事のすべてを見ずとも、証拠の一部や代替証拠により適切な認定や判断ができる場合もあろう。被害者遺族の証言や意見陳述もある。しかし、写真の場合、白黒ならともかく、例えば、イラストで描かれた殺害現場や遺体がどこまで現実に迫ることができるか疑問がないではない。事件がどこかで起きた絵空事のように感じられる可能性はないであろうか。また、そうした実態に触れずして行われた量刑というものが適正なものであろうか。殺害現場のイラスト加工に対しては、被害者遺族からも、事件が物語のように受け取られ、真実を分かってもらえないのではないかという不満の声も聞かれる[94]。

事件の凄惨な様子を示して裁判員の心証形成を殊更に誘導することは、アメリカの陪審裁判における法廷戦術を引き合いに出すまでもなく、適切とは思われないが、「現実」をオブラートで包むことで薄められる（water-down）真実や正義があってはならない。

なお、こうした裁判員の負担があるからといって、死刑が適用される可能性がある事件を裁判員裁判の対象から除外することは適当ではない[95]。裁判員裁判の対象を重大事件に設定した以上、死刑対象事件を除外すると、その中核的な事件が抜けてしまうことになるからである。そもそも殺人罪であれば、どの事件でもその可能性があるわけであるし、死刑が求刑されるかどうかも公判開始時点では当然ながらわからない。死刑を存置する以上、裁判員の負担を一定の範囲で軽減する措置を講じ、事後的に手厚いサポートをすることで対応するほかない。

---

1) 宮澤浩一『被害者学の基礎理論』（世界書院、1966 年）、大谷實＝宮澤浩一編『犯罪被害者補償制度』（成文堂、1976 年）等。
2) オウム真理教の犯罪被害者については、2008 年、「オウム真理教犯罪被害者等を救済するための給付金の支給に関する法律」が成立している。
3) 「特集・改正犯罪被害者支援法」警察学論集 61 巻 7 号（2008 年）1 頁以下。
4) 警察庁給与厚生課「平成 24 年度中における犯罪被害給付制度の運用状況について」（2013 年）。
5) 海外の制度の最新事情については、内閣府犯罪被害者等施策推進室『諸外国における犯罪被害者等に対する経済的支援に関わる制度等に関する調査報告書』（2012 年）参照。
6) 心理療法の費用を公費で負担する制度については、内閣府の検討会で議論が行われ、2013 年 1 月に最終取りまとめが公表されているが、心理療法の実施者や実効性、公費負担の範囲、裁定機関など制度化までにはなお課題が残されている。内閣府『「犯罪被害者等に対する心理療法の費用の公費負担に関する検討会」最終取りまとめ』（2013 年）。
7) 太田達也「犯罪被害者補償制度の研究（2・完）―改正・犯罪被害者等給

付金支給制度の課題」法学研究74巻6号（2001年）63頁以下。
8) 内閣府『経済的支援に関する検討会最終取りまとめ』（2007年）3頁。
9) 最高裁判所『司法統計年報平成24年版—刑事編』（2013年）147頁。
10) 内閣府・前掲注8) 110頁、内閣府・犯罪被害給付制度の拡充及び新たな補償制度の創設に関する検討会第2回、第4回、第6回議事録等。
11) Commission of the European Communities, Green Paper: Compensation to Crime Victims（2001）. 台湾法務部『專題分析犯罪被害保護10年有成』（2009年）22–23頁、法務部『民國100年中華民國法務統計年報』（2012年）400–401頁。
12) 内閣府犯罪被害者等施策推進室・前掲注5) 7頁。
13) 最高裁判所『平成20年改正少年法の運用の概況』（2012年）。
14) 太田達也「被害者に対する情報提供の現状と課題」ジュリスト1163号（1999年）25頁以下。
15) 法務総合研究所『平成25年版犯罪白書』（2013年）175頁、内閣府『平成25年版犯罪被害者白書』（2013年）50頁。
16) 法務省・第3回犯罪被害者団体からのヒアリング（2012年）における地下鉄サリン事件被害者の会の意見等。
17) Payne v. Tennessee, 5 01 U.S. 808（1991）.
18) 最高裁判所「犯罪被害者保護関連法に基づく諸制度の実施状況（高・地・簡裁総数）」（2012年）。
19) 財賀理行「ドイツにおける公訴参加の実情」判例タイムズ1261号（2008年）117–118頁、清水晴生「ドイツ刑事訴訟法上の公訴参加に関する一考察」法学（東北大学）75巻6号（2012年）235頁以下。
20) 岡村勲監修『犯罪被害者のための新しい刑事司法（第2版）』（明石書店、2009年）127–129頁、朝日新聞2009年7月2日朝刊29頁等。
21) 椎橋隆幸「被害者参加制度について考える――一年間の実績を踏まえて」法律のひろば63巻3号（2010年）6–7頁、番敦子「弁護士からみた被害者参加制度の評価等」法律のひろば63巻3号（2010年）23頁。
22) 例えば、被害者参加人が被告人質問をする間も不適切な発言を繰り返した事例として、朝日新聞2009年6月2日朝刊29頁。被害者参加人が証人として証言中に威迫行為を行った事案として、東京地判平成21年4月27日（LLI/DB）。二次被害のおそれから被害者参加制度に反対する被害者側の意見として、法務省・第1回犯罪被害者団体からのヒアリング（2012年）における「あひるの会」の意見。
23) 法務省・第3回犯罪被害者団体からのヒアリング（2012年）等。
24) 番敦子・前掲注21) 24頁。
25) 法務省・第1回、第2回、第3回犯罪被害者団体からのヒアリング（2012

年)。
26) これは二分説にしても三分説にしても同様である。親告罪の法的根拠については、黒澤睦「親告罪における告訴の意義」法学研究論集 15 号（2001 年）1 頁以下参照。
27) 内閣府の有識者会議でも性犯罪の非親告罪化の検討が行われている。男女共同参画会議女性に対する暴力に関する専門調査会『「女性に対する暴力」を根絶するための課題と対策―性犯罪への対策の推進』（2012 年）。
28) 韓国では以前より性犯罪の非親告罪化が特別法から少しずつ進められてきている。太田達也「被害者支援を巡るアジアの最新事情」『宮澤浩一先生古稀祝賀論文集第一巻犯罪被害者論の新動向』（成文堂、2000 年）404–406 頁、太田達也「韓国における性犯罪被害者支援及び性犯罪関連施策」女性に対する暴力に関する専門調査会 2012 年 3 月 15 日報告。そして、韓国では 2012 年 12 月 18 日の刑法一部改正により刑法上の性犯罪の非親告罪化が図られた。
29) 経緯と概要は、川島敦子「刑事施設における犯罪被害者施策の取組」、遠藤英明「少年矯正における被害者を巡る諸施策と取組」、久保貴「更生保護における犯罪被害者等施策の取組」犯罪と非行 164 号（2010 年）46 頁以下に紹介がある。
30) 仮釈放許可基準における被害者感情の位置付けについては、太田達也「仮釈放要件と許可基準の再検討―「改悛の状」の判断基準と構造」法学研究 84 巻 9 号（2011 年）13 頁以下及びそこで引用している文献参照。
31) 更生保護のあり方を考える有識者会議の最終報告でも、犯罪被害者等の希望・意向を尊重して意見聴取を実施すべきとしながら、犯罪被害者等の意見をどのように審理に反映させるか等については慎重に検討する必要があるとして、この制度の難しい問題を深く検討することなく制度の提案を行っている。更生保護のあり方を考える有識者会議「更生保護制度改革の提言―安全・安心の国づくり、地域づくりを目指して」(2006 年)。
32) 太田達也「更生保護における被害者支援―釈放関連情報の提供と被害者の意見陳述を中心として (2)」犯罪と非行 125 号（2000 年）54–66 頁。
33) ただ、実務では、詐欺や横領といった財産犯の被害者による心情伝達の利用が多く見られるのはやや想定外である。
34) 太田達也「日本における保護観察と修復的司法―被害者心情伝達制度を中心に」梨花女子大學校法學論集 16 巻 1 号（別冊）(2011 年) 59 頁以下 (http://law.ewha.ac.kr/ko/elsi/archives/1301)。
35) 海外には受刑者と被害者が刑事施設内で対面することで直接、被害者の心情を伝達する仕組みを有するところがあるが、台湾では死刑確定者（及び死刑が確定する前の未決拘禁者）との対面を認めることがある。太田達也「『修復的矯正』の実現に向けて―台湾・更生團契の試み」刑政 115 巻 2 号（2004

年）44 頁以下。
36）内閣府『基本的法制度に関する世論調査』（2010 年）。
37）新律綱領及び改定律例では、斬と絞の 2 つの死刑が採用されていた。正木亮『死刑』（河出書房、1955 年）35-43 頁、68-75 頁。明治 6 年には、絞首の方法を定めた明治 6 年太政官布告第 65 号（絞罪器械図式）（明治 6 年 2 月 20 日）が発出されている。この布告は法律と同一の効力を有し、現在まで廃止されていない。
38）Death Penalty Worldwide, http://www.deathpenaltyworldwide.org/index.cfm.
39）最大判昭和 30 年 4 月 6 日刑集 9 巻 4 号 663 頁。また、最大判昭和 23 年 3 月 12 日刑集 2 巻 3 号 191 頁も間接的に絞首刑が残虐な刑罰に当たらないことを示唆する。
40）大塚公子『死刑執行人の苦悩』（角川書店、1993 年）、朝日新聞死刑制度取材班『死刑執行』（朝日新聞社、1993 年）等。
41）しかし、死刑の執行には万が一にも失敗のないよう細心の注意が払われている。我が国でもかつて新律綱領の時代に絞首刑の執行に失敗した例があるが、これは当時、絞柱という異なる絞首刑の方法を採用していたからである。布施弥平治『日本死刑史』（日東書院、1933 年）294 頁。また、後述するオハイオ州の例のように、死刑の執行失敗は、どの執行方法でも起こりうる問題であることも確かである。
42）Death Penalty Worldwide, http://www.deathpenaltyworldwide.org/index.cfm.
43）AMNESTY INTERNATIONAL, DEATH SENTENCES AND EXECUTIONS 2012（2013）.
44）U.S. Department of Justice, Bureau of Justice Statistics, Capital Punishment, 2011- Statistical Tables at 3（2013）. これは 2011 年の時点での調査結果である。但し、死刑の執行方法に関する改正法には遡及適用がないため、死刑判決確定の年月日によっては、改正前の死刑執行手段が適用されることはある。
45）U.S. Department of Justice, Bureau of Justice Statistics, *supra* note 44, at 3.
46）Ralph Baze and Thomas C. Bowling, Petitioners v. John D. Rees, Commissioner, Kentucky Department of Corrections, et al. 553 U.S. 35（2008）. 但し、Ginsburg 裁判官と Souter 裁判官の反対意見がある。
47）KY. REV. STAT. ANN. §431.223.
48）*See also* OHIO REV. CODE §2949.22(C).
49）民間団体である Death Penalty Information Center の調査がある。*See* http://www.deathpenaltyinfo.org/lethal-injection-moratorium-executions-ends-after-supreme-court-decision.
50）Ohio Killer Is First Inmate in U.S. to Be Executed With a Single-Drug Injection, The New York Times, December 9, 2009.
51）Oklahoma Executes Man Using New Drug Combination, The Associated Press,

December 17, 2010.
52) フロリダ州は、ミダゾロムという麻酔導入剤を死刑執行に用いる。Florida Department of Corrections, Execution by Lethal Injection Procedure, September 9, 2013.
53) Ohio Switches Lethal Injection Drug, USA Today, January 25, 2011, Ohio Announces New Lethal Injection Drug, USA Today, October 4, 2013.
54) State of Ohio, Department of Rehabilitation and Correction, 01-COM-11 dated 09/18/11.
55) そのため、近時、アメリカの幾つかの州では、死刑執行に用いる薬剤の供給元を秘匿するための法改正を行っているという。これにより、当局は、死刑執行に用いる薬剤を入手しやすくなるとともに、関係企業の名誉やハラスメント被害を避けることができる。Executions Stall As States Seek Different Drugs, The New York Tims, November 9, 2013.
56) Prisoner in Failed Execution in Ohio Wins a Stay Against a Second Attempt, The New York Times, September 19, 2009
57) KY. REV. STAT. ANN. §431.220(3).
58) American Medical Association, Code of Medical Ethics, Opinion 2.06.
59) 大阪高判平成25年7月31日（LLI/DB）。
60) 大阪地判平成23年10月31日（LLI/DB）。
61) 第168回平成19年10月25日質問第31号鳩山邦夫法務大臣の死刑執行に関してなされた発言等に関する質問主意書（松野信夫参議院議員）に対する平成19年11月2日内閣参質168第31号同答弁書（内閣総理大臣福田康夫）。
62) 現行規定の立案当時、GHQから死刑を執行せずに長く拘置するのが残虐であるという見解が示されたという。青柳文雄『五訂刑事訴訟法通論（下巻）』（立花書房、1976年）654頁。河上和雄ほか編（玉岡尚志＝飯島泰執筆部分）『大コンメンタール刑事訴訟法第10巻［第2版］』（青林書院、2013年）340頁は、確定判決の尊重とともに、この理由を挙げる。青柳文雄・本注62）654頁や団藤重光『新刑事訴訟法綱要［7訂版］』（創文社、1967年）582頁は、不当に長く死の恐怖を継続させないという立法趣旨に疑問を呈される。
63) 江家義男『刑事訴訟法教室（下）』（法令普及会、1957年）200頁は、司法権の作用を行政権の作用でうやむやにしないためであるとし、期間を10日とか1箇月とかせずに、6箇月としたのは、この期間内に死刑確定者が前非を悔い、安心立命の心境になって死刑の執行を受けるようにするためと、恩赦出願や再請求のための準備期間を与えるためであるとする。青柳文雄・前掲注62）654頁も、法務大臣の恣意の抑制のためとする。
64) 東京地判平成10年3月20日判タ983号222頁。
65) 第168回国会衆議院法務委員会議録第5号平成19年12月7日2頁河井克

行法務副大臣答弁。死への恐怖の軽減という趣旨にも言及されてはいるが、この見解に近いものとして、平場安治ほか（鈴木茂嗣執筆部分）『注解刑事訴訟法（下巻）［全訂新版］』（青林書院、1983 年）445 頁。
66) 東京地判平成 10 年 3 月 20 日判タ 983 号 222 頁。また、最小決昭和 60 年 7 月 19 日判タ 560 号 91 頁は、死刑の確定裁判を受けた者が刑法第 11 条 2 項に基づき監獄に継続して拘置されている場合には死刑の時効は進行しないとした。
67) 法務大臣臨時記者会見の概要平成 25 年 4 月 26 日。
68) 第 180 回国会参議院法務委員会第 11 号平成 24 年 8 月 28 日 5 頁稲田伸夫政府参考人答弁。アメリカでも、判決から執行までの期間は長くなる傾向にあり、1980 年代後半は 70 箇月台から 90 箇月台であったのに対し、2000 年以降は 140 箇月前後であり、2011 年は 198 箇月となっている。U.S. Department of Justice, Bureau of Justice Statistics, *supra* note 44, at 14.
69) 市民的及び政治的権利に関する国際規約（いわゆる B 人権規約）に関する国連人権委員会の報告書では、この点も問題視されている。UN Human Rights Committee, Consideration of Reports Submitted by States Parties under Article 40 of the Covenant Concluding Observations of the Human Rights Committee（Japan）, CCPR/C/JPN/CO/5. 18 December 2008.
70) 伊藤栄樹ほか（朝倉京一執筆部分）『注釈刑事訴訟法第 7 巻［新版］』（立花書房、2000 年）290 頁。
71) 「死刑執行命令を発するに当たっては、そのもたらす重大な結果にかんがみ、法文上は刑の執行停止事由に当たらないとされている再審請求や恩赦の出願についても、その事情について十分参酌することとしている。他方、仮に再審請求の手続中等には、すべて執行命令を発しない取扱いとすれば、次々と再審の請求が繰り返される限り、永久に刑の執行を為し得ないことになるなどし、刑事裁判の実現を期することは不可能になる。したがって、再審請求中あるいは恩赦出願中のすべての死刑確定者について、死刑の執行命令を発しないものとすることは適当でないと考えられる。」市民的及び政治的権利に関する委員会からの質問事項に対する日本政府回答（仮訳）（第 5 回政府報告審査）。法務大臣臨時記者会見平成 25 年 12 月 12 日。
72) 法務大臣臨時記者会見平成 25 年 4 月 26 日、平成 25 年 12 月 12 日。
73) 法務大臣臨時記者会見平成 25 年 9 月 12 日。
74) 冤罪の可能性が直接、死刑執行の時期や順序に影響するという意味ではない。法務省は、死刑執行の上申があった後、判決や確定記録を精査して、再審事由や非常上告事由に該当するものがないかどうかなどを確認しているとされるが、事実認定に争いがあったり、事実認定が難しかった事件は、それだけ調査に時間がかかるはずという趣旨である。法務省の局付検事として死

刑事件審査の主任経験もある藤永幸治・元東京高検検事長は、帝銀事件の犯人性には問題がないとしながら、戦後間もない頃は自治体警察への分割や刑事訴訟法の改正などもあり、やむを得なかった面もあるが、事実認定に関わる現在では考えられないような捜査手法上の問題があったことは否定できないとする。藤永幸治「なぜ死刑を執行しなかったのか」新潮 45 16 巻 2 号（1997 年）。

75) 水戸地判平成 21 年 12 月 18 日（LLI/DB）。
76) 読売新聞平成 25 年 2 月 21 日（大阪夕刊）1 頁。
77) 奈良地判平成 18 年 9 月 26 日判タ 1257 号 336 頁。
78) 大阪地判平成 15 年 8 月 28 日判時 1837 号 13 頁。
79) 読売新聞平成 16 年 9 月 14 日（大阪夕刊）15 頁。
80) 法務大臣臨時記者会見平成 25 年 12 月 12 日。
81) 読売新聞平成 25 年 2 月 22 日（東京朝刊）31 頁。
82) 読売新聞平成 25 年 2 月 21 日（東京夕刊）13 頁。
83) 池田小学校児童教員殺傷事件の死刑確定者の早期死刑執行に対し、マスコミは「事件の重大性や遺族の感情、社会に与えた影響などを総合的に考えた結果」という法務省幹部の談話を載せ、福島章上智大名誉教授も「事案が事案だけに法務省は社会感情を考慮して早期執行に踏み切ったのだろう」との見解を述べている。読売新聞平成 16 年 9 月 14 日（東京夕刊）22 頁。
84) 最高裁判所『裁判員裁判の実施状況について（制度施行〜平成 25 年 9 月末・速報）』（2013 年）。
85) 平成 24 年 5 月末までに 18 件の裁判員裁判事件において死刑の求刑があり、うち 14 件に死刑、3 件に無期懲役、1 件に無罪が言い渡されている。最高裁判所事務総局『裁判員裁判実施状況の検証報告書』（2012 年）28-29 頁及び図表 67。
86) 横浜地判平成 22 年 11 月 16 日（LLI/DB）。
87) 朝日新聞 2010 年 11 月 17 日（朝刊）1 頁、3 頁。
88) 福島地裁郡山支部判平成 25 年 3 月 27 日（LLI/DB）。
89) 読売新聞平成 25 年 5 月 8 日（東京朝刊）29 頁。
90) 読売新聞平成 25 年 6 月 22 日（東京朝刊）3 頁。
91) 読売新聞平成 25 年 5 月 21 日（東京朝刊）33 頁。
92) 読売新聞平成 25 年 8 月 1 日（東京朝刊）1 頁。また、裁判員制度に関する検討会『「裁判員制度に関する検討会」取りまとめ報告書』（2013 年）25-26 頁。
93) 読売新聞平成 25 年 10 月 10 日（東京朝刊）35 頁。
94) 毎日新聞平成 25 年 12 月 11 日（東京夕刊）9 頁。
95) 裁判員制度に関する検討会『「裁判員制度に関する検討会」取りまとめ報告書』（2013 年）8-9 頁。

索　引

あ行

アムネスティ・インターナショナル
　……………………………………45
アメリカ（合衆国）……………97, 99
アレンスバッハ世論調査研究所（ドイツ）……………………………92
憐みの友の会 ………………143, 148
威嚇予防 ……………………………74
生きる権利 …………………………50
遺族の被害感情 …………………67, 82
遺体のカラー写真 …………………66
一抹の不安 …………………………75
一般情状 …………………………63, 64
一般予防 ………………………28, 74, 97
イマヌエル・カント ……………→カント
失った子と兄弟姉妹の死を悼む会（ドイツ）…………………7, 141, 148
応報 …………………………………94
応報刑 ……………………………4, 9
オウム事件 …………………………11
恩赦（ドイツ）……………………109

か行

改正刑法草案48条2項 ……………73
改善更生の可能性 …………71, 74, 79
加害者 ………………………146, 147
過去の先例の集積 …………………79
仮釈放 ……………………………107
仮釈放意見聴取 ……………154, 157
カント ………………………………94

行政府による法の不執行 …………49
警告理論 ……………………………71
刑法57条a（ドイツ）……………112
ゲオルグ・ヴィルヘルム・フリードリッヒ・ヘーゲル ………→ヘーゲル
結果の重大性（殺害された被害者の数）
　……………………………………66
現場射殺 ……………………………44
絞首刑 ……………………………163
拘置期間 …………………………173
公判前整理手続 …………………156
個人化 ………………………………15
国家による殺人 ……………………52
誤判 …………………………………20
誤判の可能性 ………………………55
コミュニティ ………………36, 37, 39

さ行

罪刑の均衡 ……………………4, 9, 52
裁判員 ……………………………178
裁判員裁判における死刑判決 …18, 82
裁判員裁判の死刑第1号事件 ………77
殺害の手段方法の執拗性・残虐性 …65
支援サービス（ドイツ）……143, 145
死刑執行 …………………………154
死刑執行起案……………………21, 63, 83
死刑執行モラトリアム ……………46
死刑存置国 …………………………45
死刑と世論 …………………………56
死刑の執行時期 …………………172
死刑の執行方法 …………………163
死刑の代替刑 ………………107, 109

189

死刑の法的正当化根拠 …………49
死刑廃止国 ………………………45
死刑廃止条約 ……………………45
自殺 ………………………………25
事実上の廃止国 …………………48
死生観 ……………………………23
執行命令 ………………………172
社会的影響 ………………………69
社会的類型 ………………………65
終身刑 …………………………107
重罰化 ……………………15, 23, 24
修復的司法 …………………36-39
主導性 ……………………………66
消極的一般予防 …………………74
消極的責任主義 …………………77
少年審判傍聴 …………………154
処罰感情 ……………………98, 99
白い環（ドイツ） …………27, 142
親告罪 …………………………157
性格・経歴・環境 ………………73
生命への尊厳 ……………………51
責任 …………………………9, 14
責任重大性条項（ドイツ）……116
全員一致 ……………………81, 82
前科 ………………………………70
先例の集積 ………………………79
憎悪犯罪 …………………………56
損害賠償 …………………………72
損害賠償命令申立制度 ………152

た行

第三帝国 ……………………89, 90
大量殺人 …………………………51
懲罰的な被害者（権利）モデル…37, 38
追加罰金 ………………………152
ドイツ民主共和国 ………………91
ドイツ連邦共和国基本法102条
……………………………89, 100
同害報復 …………………………94

等価説 ……………………………80
特別賦課金 ……………………152
特別予防 ……………………28, 97

な行

永山基準 ……………→永山事件基準
永山事件 ……………………14, 34
永山事件基準（永山基準）……5, 34, 64
永山事件基準の実質化 …………76
永山則夫 …………………………64
永山判決 …………………………64
日本社会 …………………………24

は行

幅の理論 ……………………63, 78
犯行後の情状 ……………………72
犯行の計画性 ……………………66
犯行の罪質・動機 ………………65
犯罪被害者基金 ………………152
犯罪被害者等基本法 …………151
犯罪被害者等給付金 …………151
犯情 ………………………………63
反省 …………………………72, 82
犯人の年齢 ………………………69
被害者 ………………………98, 99
被害者意見陳述 ………………155
被害者遺族 ………………16, 23, 33-35
被害者遺族の処罰感情 …………16
被害者関係の刑事司法 ……37, 38
被害者感情 ……………160, 164, 178
被害者参加制度 ……………37, 38, 155
被害者支援 …………………7, 19
被害者支援団体（ドイツ）…142, 144, 145
被害者心情伝達 ………………159
被害者等通知制度 ……………153
被害者連絡制度 ………………153
被害体験 ………………………146
光市母子殺害事件 ………14, 33, 69

——差戻後の控訴審判決 …………86
　——第1次上告審判決……69, 73, 80
　——第2次上告審判決 ………70, 80
非難可能性 …………………………………9
非懲罰的な被害者（支援）モデル
　………………………………………37, 38
武士道 ……………………………………25
船田判決 …………………………70, 86
併合罪の科刑（ドイツ）……………119
ヘーゲル ……………………10, 36, 94
保安監置（ドイツ）………………97, 98
保安処分（ドイツ）………………………97
謀殺罪（ドイツ）………………………109
法的平和の回復 …………………………36
暴力犯罪被害者 ………………………141

ま行

無期刑 ……………………………………107
無期刑（ドイツ）……………………6, 108
無期刑の仮釈放（ドイツ）…………112
無期刑の仮釈放審理（ドイツ）……114
無期刑の最短服役期間 ………126, 128

村瀬判決Ⅰ ……………………………71, 79
村瀬判決Ⅱ ……………………………75, 79
模倣性 ……………………………………63

や行

薬物注射 ………………………………163
余罪 ………………………………………75
予防 ……………………………………147
世論調査 …………………………………22
世論調査（ドイツ）……………………92

ら・わ行

量刑 ……………………………………117
量刑相場 …………………………………18
量刑判断基準 ……………………………63
連邦憲法裁判所 1977年6月21日判決
　（ドイツ）……………………………110
連邦憲法裁判所 1992年6月3日決定
　（ドイツ）……………………120, 127
ワイマール共和国 ………………………89

執筆者・翻訳者紹介

井田　良（いだ まこと）（編者）
1956年生まれ。慶應義塾大学大学院法務研究科教授。法学博士（ケルン大学）。名誉法学博士（ザールラント大学、エアランゲン大学）。日本学術会議会員、最高裁判所司法修習委員会幹事、日本刑法学会理事などを務める。2006年にフィリップ・フランツ・フォン・ジーボルト賞、2009年にオイゲン・ウント・イルゼ・ザイボルト賞を受賞。編著書として、『刑法総論の理論構造』（成文堂、2005年）、『変革の時代における理論刑法学』（慶應義塾大学出版会、2007年）、『講義刑法学・総論』（有斐閣、2008年）、『新基本法コンメンタール刑法』（編著、日本評論社、2012年）、『刑法各論（第2版）』（弘文堂、2013年）、『基礎から学ぶ刑事法（第5版）』（有斐閣、2013年）ほかがある。

太田　達也（おおた たつや）（編者）
1964年生まれ。慶應義塾大学法学部教授。日本被害者学会理事、日本犯罪社会学会理事、日本更生保護学会理事、最高検察庁刑事政策専門委員会参与、法務省矯正局矯正に関する政策研究会委員、法務省研究評価検討委員会委員などを務める。編著書として、『Victims and Criminal Justice: Asian Perspective（被害者と刑事司法――アジアの展望）』（編著、慶應義塾大学法学研究会、2003年）、『修復的司法の総合的研究』（共著、風間書房、2006年）、『ビギナーズ刑事政策（第2版）』（共著、成文堂、2011年）、『法務総合研究所研究部報告47：来日外国人少年の非行に関する研究（第1報告）』『同51：（第2報告）』（共著、2012年、2013年）、『高齢犯罪者の特性と犯罪要因に関する調査』（共著、警察庁警察政策研究センター、2013年）ほかがある。

高橋　則夫（たかはし のりお）
1951年生まれ。早稲田大学大学院法務研究科教授。法学博士。日本刑法学会理事、日本被害者学会理事長、法務省法務総合研究所犯罪白書研究会委員、法務省矯正局矯正に関する政策研究会委員などを務める。編著書として、『共犯体系と共犯理論』（成文堂、1988年）、『犯罪被害者の研究』（共編著、成文堂、1996年）、『刑法における損害回復の思想』（成文堂、1997年）、『わかりやすい犯罪被害者保護制度』（共著、有斐閣、2001年）、『修復的司法の探求』（成文堂、2003年）、『規範論と刑法解釈論』（成文堂、2007年）、『対話による犯罪解決』（成文堂、2007年）、『ブリッジブック刑法の考え方』（編著、信

山社、2009 年)、『刑法各論』(成文堂、2011 年)、『刑法総論(第 2 版)』(成文堂、2013 年)ほかがある。

椎橋 隆幸(しいばし たかゆき)
1946 年生まれ。中央大学大学院法務研究科教授。法学博士。日本被害者学会理事、国家公安委員会犯罪被害給付専門委員、最高裁判所刑事規則制定諮問委員会委員、最高裁判所裁判員制度の運用等に関する有職者懇談会委員(座長)、中央教育審議会専門委員、内閣府犯罪被害者等施策推進会議専門委員(座長)、法制審議会臨時委員などを務める。編著書として、『刑事弁護・捜査の理論』(信山社、1993 年)、『わかりやすい犯罪被害者保護制度』(共著、有斐閣、2001 年)、『Q&A 平成 19 年犯罪被害者のための刑事手続関連法改正』(共著、有斐閣、2008 年)、『刑事訴訟法の理論的展開』(信山社、2010 年)、『刑事訴訟法基本判例解説』(共編著、信山社、2012 年)、『プライマリー刑事訴訟法(第 4 版)』(編著、不磨書房、2012 年)ほかがある。

原田 國男(はらだ くにお)
1945 年生まれ。慶應義塾大学大学院法務研究科客員教授(専任)。田辺総合法律事務所パートナー弁護士、最高検察庁参与。博士(法学)。1969 年東京地方裁判所判事補として任官し、東京、福岡、名古屋の各地方裁判所等で刑事裁判官として勤務。法務省刑事局付検事、最高裁判所調査官、水戸地方裁判所所長、東京高等裁判所部総括判事を経て現職。編著書として、『裁判例コンメンタール刑法 1〜3 巻』(共編著、立花書房、2006 年)、『量刑判断の実際 第 3 版』(立花書房、2008 年)、『裁判員裁判と量刑法』(成文堂、2011 年)、『逆転無罪の事実認定』(勁草書房、2012 年)、『大コンメンタール刑事訴訟法(第 2 版)』(共編著、青林書院、2010-2013 年)ほかがある。

フランツ・シュトレング(Franz Streng)
1947 年生まれ。2013 年までドイツ・エアランゲン=ニュルンベルク大学教授。名誉法学博士(アテネ大学)。ドイツ少年裁判所協会執行委員会委員および同北部バイエルン地区首席代表、バイエルン州行刑専門委員会委員などを務める。1974 年にハイデルベルク大学のレフェレンツ教授に提出した『性犯罪に関する心理分析理論』で博士号を取得。同大学助手を経て、1983 年に教授資格論文『量刑と相対的正義—量刑の相違についての法的・心理学的・社会学的視点の研究』を提出し、1985 年にハイデルベルク大学教授に就任、1987 年からコンスタンツ大学教授、1991 年からエアランゲン=ニュルンベルク大学教授。刑事法全般について著作があるが、特に刑事制裁論、量刑論、責任論、少年法を重点的に研究。著書として、『刑事制裁論—量刑とその基

礎理論（Strafrechtliche Sanktionen Die Strafzumessung und ihre Grundlagen）』（第 3 版）（Kohlhammer, 2012)、『少年刑法（Jungendstrafrecht）』（第 3 版）（C.F. Muller, 2012）ほかがある。

小名木 明宏（おなぎ あきひろ）
1962 年生まれ。北海道大学大学院法学研究科教授。法学博士（ケルン大学）。著書として、『緊急避難規定に関する日独比較研究（Die Notstandsregelung im japanischen und deutschen Strafrecht im Vergleich)』(Nomos, 1993)、『ワークスタディ刑法総論（第 2 版）』（共著、不磨書房、2002 年)、『ワークスタディ刑法各論』（共著、不磨書房、2002 年)、『演習ノート刑法総論（全訂第 3 版）』（共著、法学書院、2003 年)、『みぢかな刑法（総論）』（共著、不磨書房、2004 年）ほかがある。

小池 信太郎（こいけ しんたろう）
1976 年生まれ。慶應義塾大学大学院法務研究科准教授。論文として、「量刑における構成要件外結果の客観的範囲について」慶應法学 7 号（2007 年）、「裁判員裁判における量刑評議について―法律専門家としての裁判官の役割」法学研究 82 巻 1 号（2009 年)、「ドイツにおける殺人処罰規定の改革をめぐる議論の動向」川端博ほか編『理論刑法学の探究④』（成文堂、2011 年)、「量刑理論からみた刑の執行猶予」刑法雑誌 52 巻 2 号（2013 年)、「量刑における幅の理論と死刑・無期刑」論究ジュリスト 4 号（2013 年）ほかがある。

ペトラ・ホーン（Petra Hohn）
2006 年からドイツの被害者支援組織「失った子と兄弟姉妹の死を悼む会」（Bundesverband Verwaiste Eltern und trauernde Geschwister）会長。グリーフ・カウンセラー、サイコロジカル＆システミック・カウンセラー、ライプツィヒ大学講師。著書として、『突然に子を失って（Plötzlich ohne Kind）』（Gütersloher Verlagshaus, 2008）がある。

堀田 晶子（ほった あきこ）
帝京大学法学部助教。2010 年、マールブルク・フィリップス大学において博士論文「ドメスティック・バイオレンスにおける加害者・被害者和解（Täter-Opfer-Ausgleich bei häuslicher Gewalt）」を提出し、法学博士号を取得。

初出一覧

序　章　いま死刑制度とそのあり方を考える（井田 良）
　：井田良「再考・死刑制度と被害者支援——各論文の解題を兼ねて（特集　死刑制度と被害者支援について考える）」法学研究第86巻第6号（2013年）1頁以下を改稿

第2章　死刑存廃論における一つの視点——応報的正義（Retributive Justice）から修復的正義（Restorative Justice）へ（高橋 則夫）
　：高橋則夫「死刑存廃論における一つの視点——応報的正義（Retributive Justice）から修復的正義（Restorative Justice）へ（特集　死刑制度と被害者支援について考える）」法学研究第86巻第6号（2013年）13頁以下

第3章　日本の死刑制度について考える（椎橋 隆幸）
　：椎橋隆幸「日本の死刑制度について考える」中央ロー・ジャーナル第10巻第3号（通巻第37号）（2013年）93頁以下

第4章　わが国の死刑適用基準について（原田 國男）
　：原田國男「わが国の死刑適用基準について（特集　死刑制度と被害者支援について考える）」法学研究第86巻第6号（2013年）21頁以下を改稿

第5章　死刑制度——ドイツの視点からの考察（フランツ・シュトレング／翻訳：小名木明宏）
　：フランツ・シュトレング（小名木明宏訳）「死刑制度——ドイツの視点からの考察」北大法学論集第63巻第6号（2013年）321頁以下

第6章　ドイツの無期刑と「責任重大性条項」——立法・判例の動向を中心に（小池 信太郎）
　：書き下ろし

第7章　ドイツにおける被害者支援活動（ペトラ・ホーン／翻訳：堀田晶子）
　：ペトラ・ホーン（堀田晶子訳）「ドイツにおける被害者支援活動（特集　死刑制度と被害者支援について考える）」法学研究第86巻第6号（2013年）45頁以下

第8章　被害者支援と死刑（太田 達也）
　：太田達也「日本における被害者支援と死刑（特集　死刑制度と被害者支援について考える）」法学研究第86巻第6号（2013年）29頁以下を改稿

いま死刑制度を考える

2014 年 2 月 28 日　初版第 1 刷発行

編　者̶̶̶̶井田　良・太田達也
発行者̶̶̶̶坂上　弘
発行所̶̶̶̶慶應義塾大学出版会株式会社
　　　　　　　〒108-8346　東京都港区三田 2-19-30
　　　　　　　ＴＥＬ〔編集部〕03-3451-0931
　　　　　　　　　　〔営業部〕03-3451-3584〈ご注文〉
　　　　　　　　　　〔　〃　〕03-3451-6926
　　　　　　　ＦＡＸ〔営業部〕03-3451-3122
　　　　　　　振替 00190-8-155497
　　　　　　　http://www.keio-up.co.jp/
装　丁̶̶̶̶鈴木　衛
印刷・製本̶̶株式会社加藤文明社
カバー印刷̶̶株式会社太平印刷社

Ⓒ2014 Makoto Ida, Tatsuya Ota
Printed in Japan ISBN978-4-7664-2100-2